Text Teil II

Detailkarte im hinteren Buchdeckel

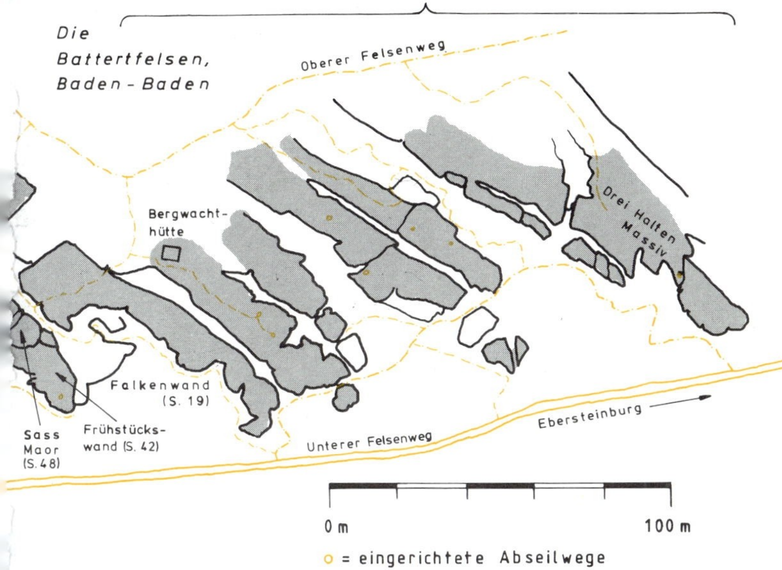

Battertfelsen Baden-Baden

Bergwacht Kletterführer Battertfelsen Baden-Baden

Verfaßt von Rolf Gundermann
Bergwacht Schwarzwald e. V.
Ortsgruppe Baden-Baden

2. Auflage – komplett neu bearbeitet

Herausgegeben von der Bergwacht Schwarzwald e. V.
Ortsgruppe Baden-Baden
in Zusammenarbeit mit dem twp druck + verlag Muggensturm

2. Auflage April 1988

Zusammenstellung des Kletterführers: Rolf Gundermann
Wandskizzen: Andreas Dick (S. 49, 193), R. Gundermann (S. 57, 195)
Werner Hofmann (alle anderen Skizzen)
Karten und Grundrisse: Axel Drapp, Rolf Gundermann
Cartoons: Martin Blenk
Bildernachweis: Thomas Käufl (S. 23, 25, 54, 97, 119, 174)
Stephan Grunwald (S. 147, 208, 210, 218, 228, 230, 233)
Eva Pfistner (S. 87, 212, 214),
Christian Fütterer (S. 109, 151), Michael Hummel (S. 143), Reinhard Karl (S. 206)
Titelbild: Michael Immenschuh – alle anderen Bilder: Rolf Gundermann
Verarbeitung der Bilder: Stephan Grunwald (S. 210, 218, 228),
Michael Schmidt (S. 2, 204, 220), Gerold Thomas (S. 109, 137, 151)
Reinhard Karl (S. 206), alle anderen Bilder: Thomas Käufl
Gestaltung und Druck: twp druck + verlag Muggensturm
Einbandentwurf: Werner Papenberg
Buchbinderische Verarbeitung:
Großbuchbinderei Josef Spinner, Ottersweier
Printed in West-Germany
ISBN 3-924310-03-3

Wird die Bergwacht benötigt, ist diese selbstverständlich zur Stelle. Wenn Sie sich persönlich der Frage stellen, ob auch Sie bereit wären, diesen Hilfsdienst zu leisten, werden Sie das „Selbstverständnis“ in einem anderen Licht sehen.

Der ehrenamtliche Dienst bei der Bergwacht erfordert nicht nur die Präsenz vor Ort, sondern auch umfangreiche Ausbildung und ständiges Überprüfen der Kenntnisse. Der Erlös, den die Bergwacht aus dem Verkauf dieses Buches erzielt, dient der Finanzierung der teuren medizinischen und technischen Rettungsmittel, welche auch Voraussetzung für optimale Hilfeleistungen sind.

Die Bergwacht ist aber auch um jede Personalaufstockung durch zuverlässige ehrenamtliche Helfer dankbar.

Alle Kletterer können durch umsichtiges und überlegtes Handeln mit dazu beitragen, daß der Hilfsdienst der Bergwacht trotz allem möglichst selten notwendig sein wird.

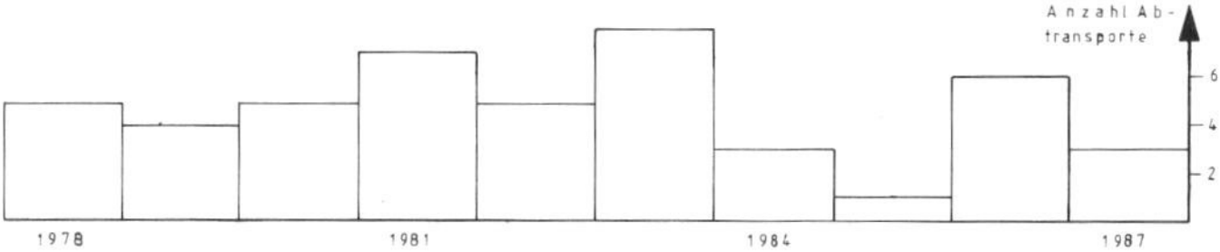

Unfallgeschehen am Battert über 10 Jahre.

Hilfeleistungen: 56. Davon Abtransporte: 48. Verletzungsarten: Frakturen: Wirbelsäule 13, Schädel 4, Fuß/Knöchel 4, Unterschenkel/Knie 5, Oberschenkel 3, Becken 2, Brustkorb/innere Verletzungen 5, Obere Extremitäten 8. Luxationen/Zerrungen 5, größere Quetschungen/Hautabschürfungen 5, größere Verbrennungen 2, sonst. Hilfeleistungen 4, sofortige Todesfälle 2. Hier nur Primärverletzungen erfaßt. Einhergehende Kreislaufschwächen (Schock) sind nicht aufgeführt.

Der Inhalt

„Die Falkenwand im Battert“ – Öl auf Leinwand 65 x 40 cm
Waldemar Wenz, Baden-Baden, Januar 1985

Zur Erinnerung

Immer neu und geheimnisvoll zeigen sich, im Wandel der Jahreszeiten, die Felstürme und Wandfluchten, die Geröllhalden, in denen von Wind und Wetter gezeichnete Bäume um ihre Existenz ringen. Man muß, um den Zauber der Battertfelsen ganz zu erleben, auch bei Nebel und Regen kommen – auch alleine – muß dem Rauschen der Tannen lauschen, dem Sturm, der durch die Schluchten und um die Grate heult, muß bei Neuschnee die Stufen des Felsenweges suchen, um die Höhe zu erreichen, von wo der Blick weit über den Schwarzwald nach Süden fällt in Richtung der Alpen. – Unvergessen bleiben die Nächte, in denen der Mond mit seinem Licht die Felsen zu neuen Formen verwandelt und die Tage im Sonnenlicht, in denen es uns vergönnt war, klettern zu dürfen.

Viele Teile der Erde konnte ich sehen, der Blick von den Battertfelsen jedoch, über Baden-Baden, über die dunklen Berge hinaus zur lichten Rheinebene, gehörte zum Schönsten, was mir die Welt zu bieten hatte. Nach über 40 Jahren verspüre ich noch immer die gleiche Zuneigung und Bewunderung zu diesem kleinen und doch so eindrucksvollen Naturwunder, und so freue ich mich, dieses Vorwort schreiben zu dürfen, auch in Dankbarkeit gegenüber meinen älteren und jüngeren Kameraden, die sich mit mir am Seil verbanden.

Es ist mir klar, daß es sehr schwierig sein wird, durch meine sehr enge Verbundenheit zu dem Felsengebiet des Batterts nicht in ein unangemessenes Schwärmen zu fallen und damit dem noch Fremden als nicht objektiv zu erscheinen. Diese subjektive Betrachtungsweise führt auf den Ursprung des Alpinismus. Die Freude am Bergsteigen und Klettern, das jeweils empfundene Glück oder die Sehnsucht danach stehen in engem Zusammenhang mit der eigenen Erlebnisfähigkeit. So manch ein Spaziergänger, der vom Felsenweg aus einen Kletterer in senkrechter Wand beobachtet, wie er sich Meter um Meter manchmal auch nur Zentimeter langsam empor müht, wendet sich kopfschüttelnd ab, ohne auch nur das geringste Verständnis für diese, in seinen Augen so nutzlose und waghalsige Tätigkeit aufbringen zu können. Für uns aber war das Klettern die schönste Bestätigung, die wir finden konnten.

So reizvoll es wäre, die Gedanken über die Beweggründe der Bergsteiger ausführlich zu schildern, es wird ohnehin am Ende die Erkenntnis bleiben, daß jeder Mensch nach Art seiner Veranlagung in Verbindung mit Begegnungen und Anstößen seinen Lebensweg zu gehen hat. Und wenn die Battertfelsen so manchem unserer Freunde zum Schicksal wurden – ihr Dasein sich dort erfüllte, wo sie ihre Höhen suchten – und ihre Grenzen fanden, verblieb neben der Trauer um den Verlust doch nie das Gefühl eines sinnlosen Geschehens. Bergsteigen bedeutet, Freude am Leben haben, kein gedankenloses Leben aufs Spiel setzen, es ist ein dauerndes Leben neu gewinnen.

In diesem Kletterführer werden in nüchternen Worten sehr verschiedene schwierige Bergtouren beschrieben, Seillängen im Fels durch Wände mit Rissen, Kaminen und Verschneidungen, über Grate und Kanten. Es sind Seillängen, wie sie ähnlich gegliedert auch im Hochgebirge zu bewältigen sind, um einen Gipfel zu erreichen. So sind auch die Anforderungen je nach Schwierigkeitsgrad und Zahl der gegangenen Höhenmeter den alpinen Bedingungen vergleichbar. –

Wenn auch in den großen und hohen Gebirgen noch andere Gefahren hinzukommen wie Wetterstürze, Orientierungsschwierigkeiten, Lawinen, Gletscherspalten usw., so lassen sich doch am Battert das Felsklettern und die Sicherungsmethoden bis nahe zur Vollendung lernen. Dabei bleibt zu bedenken, daß jede Gesteinsart eine gewisse Umstellung erfordert, mit der erfahrungsgemäß die begabten und gut trainierten Kletterer relativ bald zurechtkommen, was schon dadurch bewiesen ist, daß über die gesamte Zeitdauer von rund 100 Jahren, in denen an den Battertfelsen geklettert wird, immer Seilschaften, die dort geübt haben, auch fähig waren, im Hochgebirge schwierigste Wände zu ersteigen und auch bedeutende Erstbesteigungen durchzuführen.

Unter den Namen, die in den Gipfelbüchern des Battert eingetragen sind, befinden sich auch eine ganze Reihe Bergsteiger, die in der alpinen Literatur gewürdigt wurden oder gewürdigt werden sollten.

Besonders eindrucksvoll ist die Anhänglichkeit, mit der so mancher, der in seiner frühen Jugend zu den Felsen kam, immer wieder zurückkehrt und die Freude am rauhen Urgestein findet und auch immer neu die Landschaft bewundert.

Viele Freunde und Kameraden, die sich um die Erstbesteigung und Betreuung des Battert verdient gemacht haben, möchte ich würdigen. Wenn ich hier nur stellvertretend Marianne und Eugen Fischer nenne, dann deshalb, weil sie seit nahezu 60 Jahren und auch heute noch vorbildlich schwere Klettereien meistern. Sie beweisen damit, daß man beim Bergsteigen nicht nur im Herzen jung und gesund bleiben kann. Sie jedenfalls waren mir vor 40 Jahren Vorbild und sie sind es bis heute geblieben. Die gewonnene Erfahrung, die von Generation zu Generation weitergegeben wurde, schuf eine Tradition, die Wert ist, auch in Zukunft gewahrt zu bleiben.

Die Felsen, in denen die Grenze des jeweils möglichen Schwierigkeitsgrades von den Besten immer höher und höher gelegt wurde, waren nie als sportliches Gerüst für Turnübungen angesehen worden. Die unendliche Vielfalt natürlicher Gesteinsformationen von Vulkanen, Erdbeben, Frost und Sturm geformt, regte unsere Fantasie an, ließ uns von Ferne träumen.

Es wäre schön, wenn dieser Kletterführer dazu beitragen könnte, daß es noch lange so bliebe.

Martin Schliessler,
Baden-Baden, im Februar 1985

Aufbau und Gebrauch des Führers

Einige allgemeine Themen sind bewußt in den Ablauf der Massivbeschreibungen integriert, damit diese Artikel die ihnen gebührende Aufmerksamkeit erfahren.

Die **Schwierigkeitsbewertung** orientiert sich an der bei uns üblichen UIAA-Skala (I = sehr leicht, höhere römische Zahlen kennzeichnen entsprechend schwierigere Routen). Die A-Bewertung gilt bei Benutzung der Haken als Haltepunkte. A 0: Haken werden als Griff/Tritt verwendet. A 1: In die Haken werden auch Trittleitern/Steigschlingen eingehängt. Die Bewertungen wurden im Team von mehreren Kletterern erstellt (Mehrheitsentscheidung), mancher mag für sich eine Tour sicher etwas anders bewerten. Daher sind Abweichungen von einem halben Schwierigkeitsgrad immer möglich.

Für jedes Felsmassiv wird erst ein Artikel „Übersicht" vorangestellt, danach folgen die einzelnen Routenbeschreibungen. Diese werden oft ergänzt durch Wandskizzen, Grundrisse, Bilder (am Ende des Buches ab S. 206 ausschließlich Kletterbilder). Hinweise darauf finden sich auf jeder Buchdoppelseite oben. Die Routenbeschreibungen sind in der Reihenfolge von links oder rechts beginnend aufgeführt.

Die Routenbeschreibungen sind wie folgt gegliedert: 1. Zeile: Routennummer, Routenname, Schwierigkeitsgrad, (die Freibewertung, teils danach eine A-Bewertung, selten auch nur diese), Anzahl der Haken, eventuell allgemeine Hinweise, Name des Erstbegehers (wenn bekannt) und das Jahr der Erstbegehung (falls bekannt). Ist der Nachsteiger auch genannt, dann hinter dem Wort „mit". Danach wird im Regelfall ab der 2. Zeile der Routenverlauf beschrieben.

|| **Zusätzliche Kennzeichnung:** Senkrechter Doppelstrich vor der Route bedeutet: Leichte Tour, die besonders für Anfänger (im Nachstieg) geeignet ist (bis Schwierigkeitsgrad III+).
| Senkrechter Einzelstrich: Route eignet sich für etwas fortgeschrittenere Kletterer (bis IV+). Die Markierungen sagen nichts über die Schönheit einer Route aus. Ihr Zweck besteht einzig darin, geeignete Übungsrouten schneller aufzufinden. Drei Fragezeichen – **? ? ?** – nach dem Tourennamen und anstelle der Nennung von Erstbesteigern kennzeichnen Routen, die nicht im klassischen Sinn von unten erstbegangen wurden.

Zurechtfindung:

Der absolute Gebietsneuling hat es am Battert natürlich schwer, sich bei den vielen, oft eng beieinanderstehenden Türmen und Wandfluchten zu orientieren. Gerade deshalb habe ich als Ausgangspunkt meiner Beschreibungen die Bergwachthütte am oberen Felsenweg gewählt, da sie einen markanten Orientierungspunkt darstellt, wie auch die Falkenwand, von der man praktisch das gesamte Klettergebiet übersehen kann. **Ein Fremder wird sich wohl zurechtfinden beim Befolgen der rechts erläuterten Strategie.**

Dem eiligen Leser wird das Tourenregister (ab S. 234), sowie die Seiten 18 und 122 empfohlen.

ACHTUNG: Die Battertfelsen stehen dicht beieinander, daher Maßstab der Lagepläne beachten (oft werden Entfernungen überschätzt).

1.) Vordere Buchdeckelinnenseite:

Gesamtlageplan der im Buch beschriebenen Kletterfelsen

Text – Teil I (Seite 16 bis 110) beschreibt die Felsen westlich der Bergwachthütte, ausgehend von der Falkenwand, in westlicher Richtung fortsetzend.

Zahlen in Klammer hinter Felsmassivnamen = Seitenzahl, ab der das Massiv behandelt wird.

Hintere Buchdeckelinnenseite:

Lageplan des „zentralen Teils" des Batterts.

Text – Teil II (Seite 120 bis 203) beschreibt diese Felsen östlich der Bergwachthütte, ausgehend vom Blockgratmassiv in östliche Richtung.

2.) Das mit Hilfe der Lagepläne aufgefundene Felsmassiv identifizieren anhand des Absatzes „Übersicht", von Wandbildern, sowie Wandskizzen und Grundriß-Lageplänen.

3.) Auffinden der Routen:
Der heutzutage beliebten „Topodarstellung" entsagte ich, da die gebotenen Wandskizzen plastischer und daher leichter mit der Natur in Übereinstimmung zu bringen sind. Die Kletterschwierigkeiten sind in den meisten Battertrouten weitgehend gleichbleibend, daß eine differenziertere Angabe hinfällig wird.

Der Text der Routenbeschreibungen ist meist nur eine Ergänzung der sonstigen gebotenen Orientierungshilfen.

Die Bergwacht Schwarzwald, Ortsgruppe Baden-Baden wünscht Ihnen viele schöne Klettertage und angenehme Erholung am Battert. Möge Ihnen hierzu dieser Führer hilfreich und informativ zur Seite stehen.

Badener Wand
Turm des Übermuts
Cima della
Madonna
Großer und
kleiner Predigtstuhl

Text – Teil I

Seite 16 bis 110

Die Felsen westlich der Bergwachthütte, ausgehend von der **Falkenwand,** in westlicher Richtung fortsetzend beschrieben, **bis** zur **Badener Wand.**

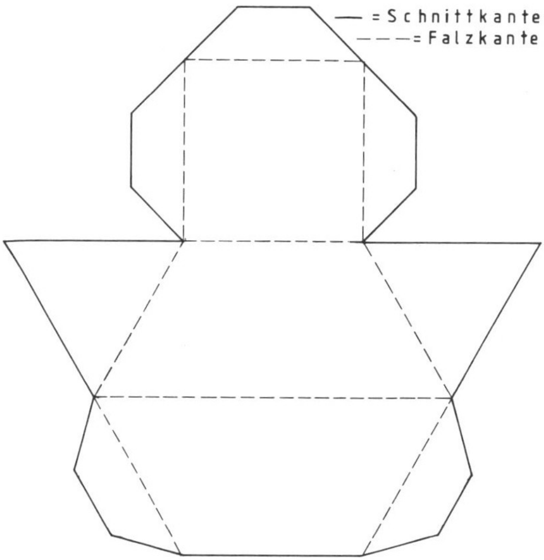

Ein Puzzle besteht ja aus mindestens zwei Teilen. Hier also Teil 1 zum Ausschneiden, Falzen und Kleben. Beide Teile zusammen ergeben, richtig zueinandergelegt, eine regelmäßige Pyramide. Hinweis: das Lösen des Puzzles ist keine Voraussetzung zum Verständnis des Führers. Trotzdem viel Erfolg.

◀ *Blick von der Falkenwand aus in Richtung Westen.*

Text – Teil I

beschreibt auf Seite

dort Anzahl	II	III	IV	V	VI	VII	VIII	IX	UIAA-Grad
Das Falkenwandmassiv	1	2	13	18	10	14	1	–	19
Die Frühstückswand	–	–	4	3	4	1	1	–	42
Sass Maor	–	1	4	5	4	6	1	1	48
Cima della Madonna	–	–	4	3	3	4	–	–	55
Die Hohe Wand	–	–	4	4	–	3	–	–	64
Der Predigtstuhl	1	3	3	1	4	2	1	1	68

De Tabelle gibt die Menge der Routen und Varianten am Massiv im jeweiligen Schwierigkeitsgrad an.

dort Anzahl	II	III	IV	V	VI	VII	VIII	IX	UIAA-Grad
Schönes Wandl	–	1	3	–	1	–	–	–	76
Hängende Wände	1	–	3	2	1	1	1	–	79
Villa Steig Massiv	1	1	2	2	–	–	1	–	85
Turm des Übermuts	–	–	2	1	–	1	–	–	88
Die Badener Wand	2	3	10	11	11	9	–	1	94

Das Falkenwandmassiv

Übersicht: Dieses Wandmassiv ist mit ca. 50 m das höchste des Batterts und durch seine zentrale Lage gekennzeichnet. Östlich schließt das Massiv mit dem „Bockgrat" (R 34) ab, der als steile Kante vom östlichen Wandvorbau, dem „Schiff" emporstrebt. Links wird die eigentliche Falkenwand durch die „Falkenkante" (R 22) begrenzt. Im linken Anschluß daran befindet sich das „Raucherwandl". Es beginnt jedoch erst in halber Wandhöhe der Falkenwand bei einem Grasband. Links (westlich) des Raucherwandls befindet sich der westliche Massivteil. Er tritt ca. 10 m aus der Wandflucht nach Südwesten vor. Dort gelegene Routen erreichen nur noch eine Höhe von 10 – 20 m. Nach Nordwesten hin, zur „Hohen Wand", schließt das Massiv mit einer grünlich erscheinenden Wand ab.

Zu-/Abstieg: Vom unteren Felsenweg (beim Anfang des „Einsiedlerpfades" beginnt eine Pfadspur, die am Wandfuß entlangführt), über die „Felsentreppen", von oben kommend durch Abstieg in der „Grünen Rinne" (R 6) oder Abstieg nordwestseitig. „Falkenwandrückseite" erreichbar durch Abstieg der dortigen Schlucht oder Einqueren vom „Schiff" aus.

Touren am westlichen Massivteil **(Grundriß S. 21)**

R 1: Zufallsbegehung, IV+, 1 H *Thomas Olböter 1985*
Etwa 8 m hohes Wändchen links oben in der Nordwestwand.

R 2: Second Hand, V-, 1 H *Markus Uhl 1982*
Einstieg bei einer Buche in halber Wandhöhe der Nordwestwand. Über kompakte Platten klettern, oben knapp rechts der linken Kante zum Gipfelplateau.

R 3: Proloriß, V, 3 H *Markus Uhl mit Britta Günther 1980*
Durch die Wand leitet ein feiner Riß direkt empor (2 H) zu einem breiten Band. Nach diesem schräg links an Schuppen zum 3. Haken. Von dort kurz links, dann rechts haltend zum Ausstieg.

R 4: Tannenweg, III, 1 H (Ausstiegskante III+)
Werner Kübler mit Jürgen Oertel 1968

Zuerst dem tiefen Nordwestkamin mit Tanne folgend. Nach dem Baum an der linken Kante zu lockerem Block. Weiter entweder gerade hinauf (IV-), oder, original, knapp rechts der Kante (Griffe teilweise locker). Es kann auch nach rechts ausgequert werden.

R 5: Brennerkante, IV, 1 H *Eugen Brenner 1952*

Knapp rechts der Westkante einsteigen. An der Kante unter ein Dach, dort nach links um die Kante und zum Ausstieg.

R 5 A: Speckeierdach VI-, 2 H
Ralf Dujmovits mit Thomas Speck, 1984

Die Kante gerade über den Überhang ersteigend.

R 6: Grüne Rinne, II

An der Südwestseite des westlichen Massivteiles, gegenüber den zwei freistehenden Türmen (Sass Maor / Cima della Madonna). Durch die leicht geneigte Rinne mit Baum, welche die gesamte Wand hinaufzieht. Die Route wird sehr rege als Verbindungsweg im Auf- und Abstieg begangen. **Bitte Steinschlag vermeiden!**

R 7: Grüner Pfeiler, IV

Ohne Haken, keine Keile zu legen. Aufstieg durch das direkt rechts der „Grünen Rinne" gelegene schmale grüne Wändchen.

R 8: Kleine Wand, VI-, 3 H (diese alt) *vor 1939*

Den ganz linken Riß in der Wandflucht rechts der „Grünen Rinne" hinauf, um an der Kante links auszusteigen.

R 9: Klemmriß, VI, 1 H *Hans Laub mit Albert Friedrich 1964*

Rechts der „Grünen Rinne" durch den mittleren Riß der rötlichen Wand.

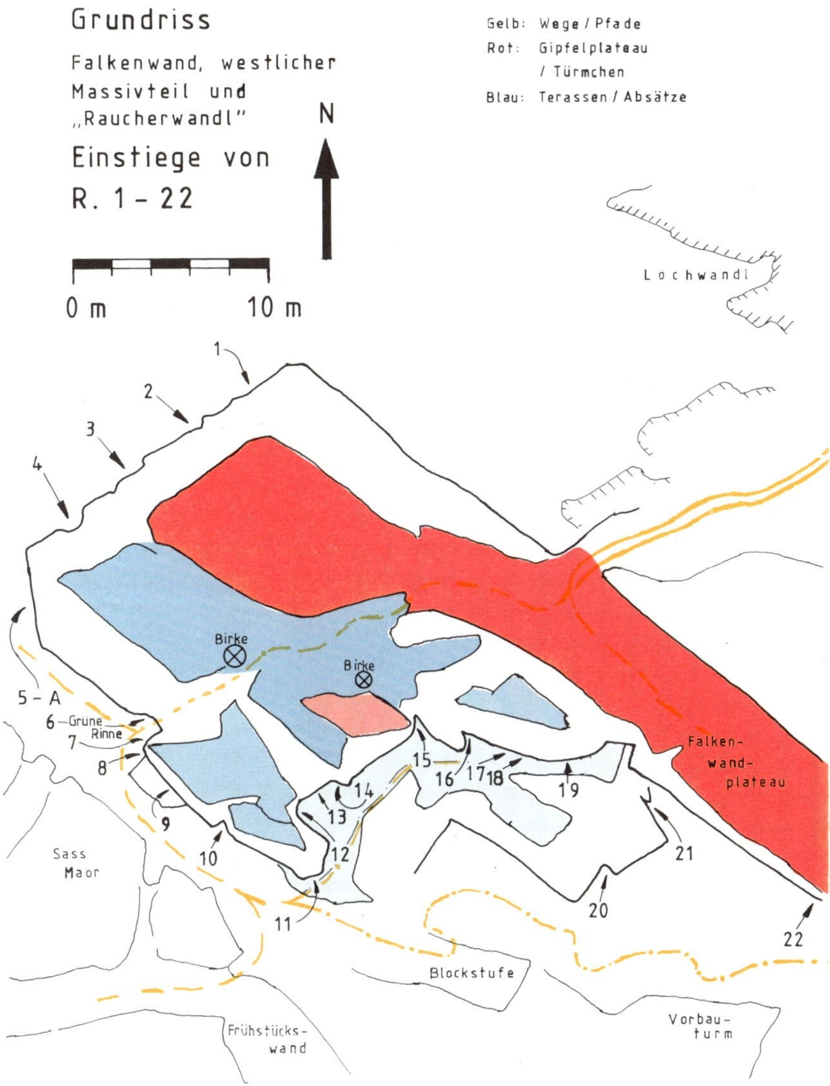
Grundriss
Falkenwand, westlicher Massivteil und „Raucherwandl"
Einstiege von R. 1 – 22
Gelb: Wege / Pfade
Rot: Gipfelplateau / Türmchen
Blau: Terassen / Absätze
N
0 m
10 m
Lochwandl
1
2
3
4
5 – A
6 – Grüne Rinne
7
8
9
10
11
12
13
14
15
16
17
18
19
20
21
22
Birke
Birke
Falken-wand-plateau
Sass Maor
Blockstufe
Frühstücks-wand
Vorbau-turm

R 10: Leichter Riß, IV+ *Helmut Schurhammer 1942*

Dem rechten Riß rechts der „Grünen Rinne" unter kleines Dach folgen. Ausstieg links des Daches durch den dortigen Riß. (Ausstieg rechts auch möglich, dann V+).

R 11: Kleine Kante, III+ *vor 1920*

(Keile unsicher zu legen, zum Teil brüchig)
Die rechte Kante des Massivvorbaues (=Südostkante) hinauf.

R 12: Übungsverschneidung, III+

Direkt hinter der „Kleinen Kante" öffnet sich ostseitig eine Verschneidung, in der 2 Birken wachsen. Hier gute Möglichkeit, um das Spreizen zu üben, sowie um Vertrauen zu Reibungstritten zu erlangen.

R 13: Popelkante, VII-, 2 H

Bernd Kullmann mit Michael Hummel 1981

Einstieg hinter Birke. Rechts von R 12 dem stumpfen Pfeiler folgen.

R 14: Bergwachtriß, V+ 1 H

Kurt Jägel mit Erich Eisler und Erwin Metzger 1960

Durch die Ostseite des westlichen Massivteils leitet eine nach rechts hochziehende Rampe auf einen Absatz (H). Nun direkt spreizend über Wulst hinauf zu Riß sowie zu Busch. Hier einen Überhang links unterquerend und so zum Ausstieg.

R 15: Bergwachtkamin, IV- (ohne Haken)

Anstieg durch die Kaminverschneidung, welche rechts vom „Raucherwandl" gebildet bzw. begrenzt wird. Zum Teil brüchig. Einstieg auf dem Grasband vor dem „Raucherwandl".

Grundriß Seite 21

R 16: Geschweifter Riß, IV (schwer, Keile zu legen)

Anstieg durch den teils mit Gras durchsetzten gebogenen Riß, der im linken Teil des „Raucherwandls" auf das Band leitet. Weiter dort durch die stumpfe Verschneidung rechts oder (dann IV+) direkt an der rundlichen Kante aussteigen.

R 17: Raucherwandl, VI+, 3 H *Martin Schliessler 1947*

Der Einstieg ist in halber Wandhöhe bei einem ebenen großen Grasplatz links von der eigentlichen „Falkenwand". In Fallinie eines großen betonierten Ringes hinauf und nach einem kleinen Wulst (kurze Linksschleife) schräg rechts empor zu breitem Band. Weiter durch eine kleine Verschneidung rechts (H) und später an einem Riß.

R 17 A: Linker Ausstieg, VI

Vom Band an einer kleinen Kante links des Standhakens hinauf.

R 17 B: Gerader Ausstieg, VII-, 1 H (Bühler) ???

Direkt über dem Standhaken auf dem Band weitersteigen.

R 18: Opas Aufstand, VII, 2 H *Bernd Kullmann 1981*

Die Route beginnt knapp rechts von R 17 und leitet schräg rechts ansteigend über die kompakte Wand zum Band.

R 19: Rechtes Raucherwandl, VII+, 2 H ???

Anstieg im rechten Teil der Wand über dem Grasband. Erste Route, die am Battert von oben gesichert erstmals geklettert und „ausgebouldert" wurde.

„Raucherwandl" – rechts die „Falkenwand" ▶

16
A
B
17
16
17
18
19

Touren, die zum Einstiegsband des „Raucherwandls" leiten

R 20: Damoklesweg, V- (nur *teilweise* lose Blöcke)

Unterhalb der R 14 ist noch ein weiterer Aufschwung und zwar links des Wandfußes der eigentlichen „Falkenwand". Einstieg piazenderweise in der Rißverschneidung links einer aus Blökken gebildeten überhängenden Kante. Das folgende Dach wird rechts unterquert, Ausstieg an der Kante (oben loser Block), oder bei Riß links der Kante direkt über das Dach.

R 21: Verwehte Spuren, IV-

Hans Laub mit Albert Friedrich 1960

Rechts der überhängenden Kante (siehe R 20) in teilweise grasiger Kaminverschneidung empor. Im Zweifelsfall links haltend.

Touren an der eigentlichen „Falkenwand"

R 22: Falkenkante, VII / VI-AO, 11 H

Hans Scherrible 1947

Einstieg links des Daches am Wandfuß links an der Kante, um gleich den Riß zu erreichen, der die anfänglich überhängende Wand durchzieht. (Oder auch direkt unter Riß einsteigen). Bei Rißende geradeaus weiter bis zum Absatz (Stand, Buch). Von hier meist ansteigender Quergang nach links zur Massivkante. Jenseits dieser 3 m hinauf (oder auch rechts der Kante bleibend und direkt über die Wand), um nun knapp rechts der Kante zu einem kleinen Dach zu gelangen. Nach diesem an der Kante weiter zum Ausstieg.

R 22 A: Tokai Itho, VII+

Harald Greib mit Sabine Krüger 1981

Nach dem 2. H. der 2. SL (von R 22) an einem nach rechts hinaufziehenden feinen Riß über die kompakte rot-gelbe Wand unter das Dach. Über dieses 2 m links eines Bühlerhakens.

R 23: Neue Falkenwand, VII / VI-AO, 10 H

Martin Schliessler ca. 1945

Im linken Wandbereich durch Verschneidung unter ein Dach. Dort nach links um Kante und in Riß, der alsbald nach rechts ansteigend verlassen wird. Weiter gerade hinauf zu Stand. Am rechten Ende des Standplatzes ganz gerade etwa 10 m empor. Bei Bühlerhaken anfänglich ansteigende Querung nach links, um bei weiterem Bühlerhaken das Dach knapp rechts eines Risses zu überklettern. Weiter gerade über wulstiges Wändchen.

R 23 A: Gerader Ausstieg, VII-, 3 H *Markus Uhl 1981*

Vom 1. Bühlerhaken der 2. SL in leichter links/rechts - Schleife unter das Dach. Nun direkt hoch zum Ausstieg (sehr brüchig).

R 24: Alte Falkenwand, V, 3 H

Otto Rinkel, Urban Schurhammer, Georg Finkbeiner 1922

Das Dach im unteren linken Wandbereich wird rechts an einem Riß umgangen. Der Riß leitet zu Absatz mit Stechpalmbusch. Weiter links einer Verschneidung über die sogenannte „Dreiecksplatte" zu weiterem Absatz (Stand, Buch). Über der genannten Platte durch anfänglich abdrängenden Riß (Bühlerhaken) zu kleiner Nische (letzter H). Rechts um eine Kante, um eine offene Verschneidung zu erreichen, die den Ausstieg vermittelt.

R 24 A: Einstiegsvariante, V-

(heutzutage gebräuchlicher Einstieg)

Vom Grasplatz vor dem „Raucherwandl" nach rechts zum Standplatz gutgriffig aber „luftig" einqueren.

R 24 B: Linker Ausstieg, V+

Vom letzten Haken in der Nische (R 24) direkt über deren Dach, ca. 3 m nach diesem über rundlichen Pfeiler links zu einem Band. Über den Wulst darüber aussteigen (schwer abzusichern).

R 25: Freundschaft, V+ (ständig, 3. SL VI-), 9 H

Helmut Kimmes mit Erich Jungmann 1937, 3. SL Kurt Jägel

Einstieg auf einem Absatz, der in halber Wandbreite unten vorgelagert ist. An kurzem Riß und gleich über kompakte Wandstelle unter kleines Dach in ca. 6 m Höhe. Nach der Dachschuppe nach links zu einem Riß queren (H), der zum 1. Standplatz leitet. Von dort Querung nach rechts (H) und weiter rechts ansteigend zu betoniertem Ring. Nun ganz gerade empor zu 2. Stand (Buch). Geradeaus weiter zu einem Bühlerhaken unter Dachwulst. Unter diesem nach rechts queren, bis in Fallinie eines Ringhakens. Dort erfolgt der Ausstieg.

R 25 A: Einstiegsvariante, V+

Vom vorgelagerten Absatz links an einer seichten Kante hinauf. Sie befindet sich direkt unter dem Riß, der zum 1. Stand leitet.

R 25 B: Japperwändchen, VI-, 2 H

Karl Gottmann mit Werner Krah 1948

Vom Einstiegsabsatz 5 m waagrecht nach links queren, um dort an einem Riß (H) unter ein kleines Dach (Bühlerhaken) hinaufzusteigen. Über dieses gerade empor zum ersten Stand.

R 25 C: Racofix, VIII-, 4 H

Michael Hummel 1985

Vom 1. Stand den überhängenden Wulst direkt überklettern und ganz geradeaus weiter emporsteigen.

R 25 D: Überholspur, VI, 3 H

Markus Uhl mit Christian Kaiser 1981

Beim 3. H. der 2. SL (R 25) waagrecht nach links zu weiterem Bühlerhaken queren. Dort weitgehend gerade, teils auch leicht rechts haltend, hinauf.

R 25 E: Gottmannsausstieg, VI+ / VAO, 3 H

Karl Gottmann mit Frau Hilde 1953

Vom 2. Standplatz schräg links ansteigend, um an einem seichten Riß (2 H) gerade hinauf zum Wulst (H) zu gelangen. Über diesen direkt weiter.

R 25 F: Gerader Ausstieg, VI

Michael Hummel 1982

In der 3. SL vom 2. Haken (Bühler) geradeaus empor.

R 25 G: Rampenlander, VII

Rechts vom 2. Stand bei der Rampe einsteigen (etwas tiefer). Anstieg genau in Fallinie des letzten Freundschaftshakens. Erst durch kurze seichte Verschneidung, dann an Riß und über kompakte Platte zu den letzten „Freundschaftsmetern".

R 25 H: Kriegertraverse, V+, 1 H

Werner Krieger

Vom 2. Stand wird waagrecht nach rechts gequert um in eine Nische (H) zu gelangen. Dort (auf R 28) kurz absteigen, um auf einem breiteren Band zur rechten Massivkante zu queren.

Wem der Kopf ist wichtig –
nur der Helm schützt richtig !

FALKENWAND

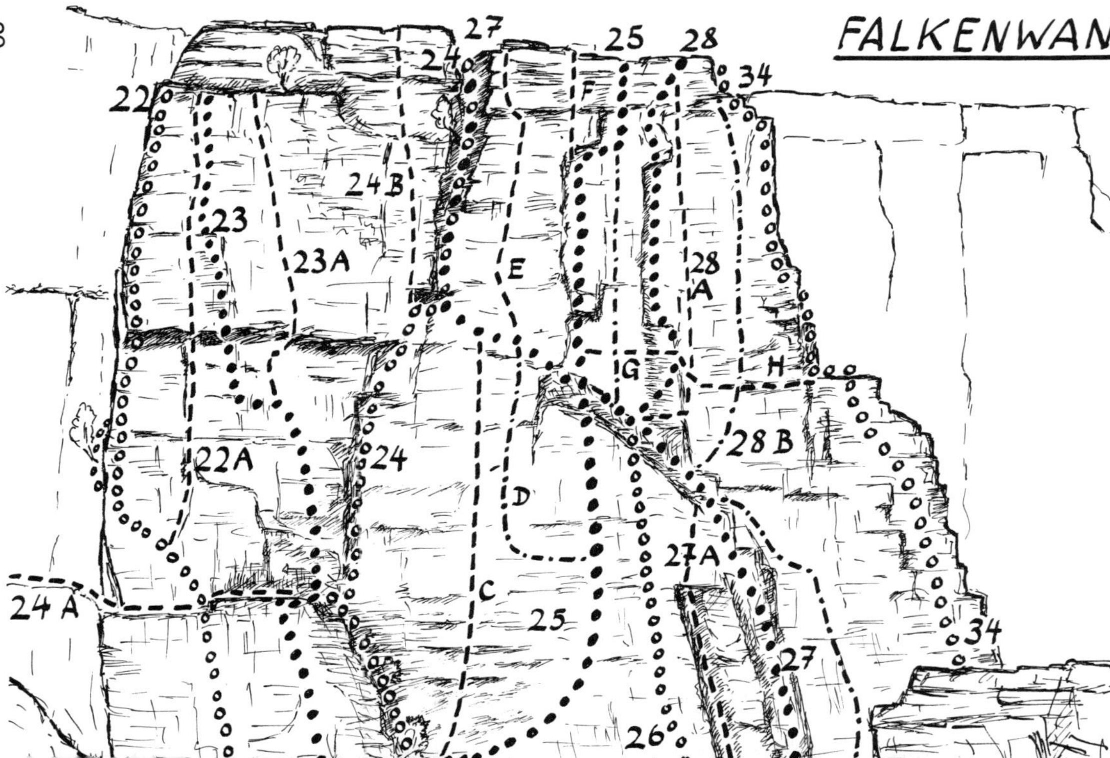

22
22A
23
23A
24
24A
24B
24
25
25
26
27
27
27A
28
28A
28B
34
34
C
D
E
F
G
H

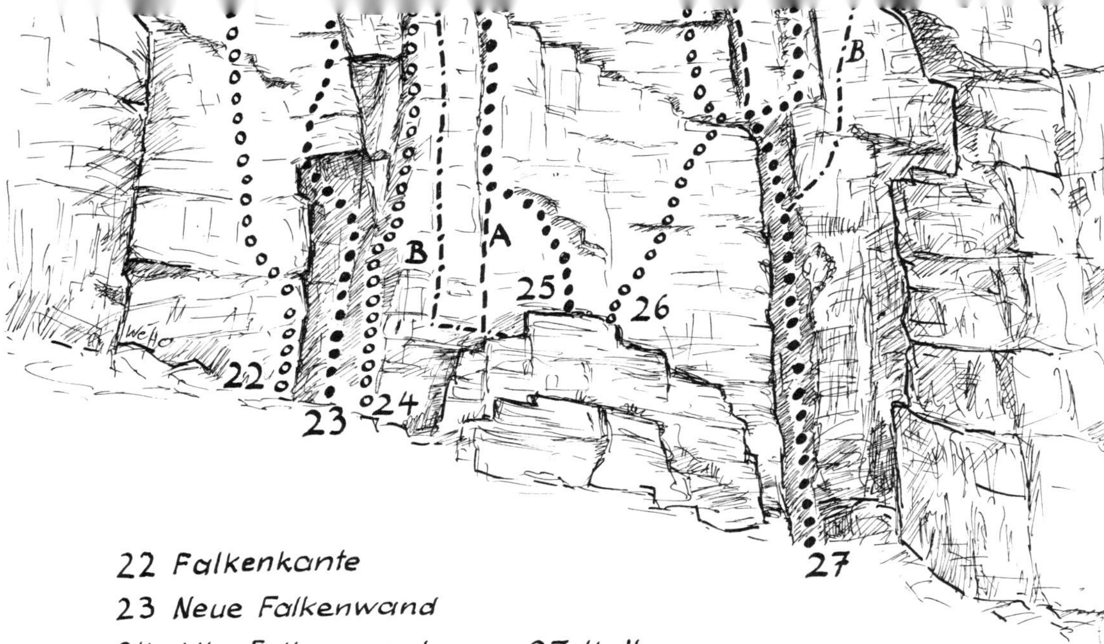

22 Falkenkante
23 Neue Falkenwand
24 Alte Falkenwand
25 Freundschaft
26 Zentralpfeiler
27 Hallweg
28 Rauscher
34 Bockgrat

R 26: Zentralpfeiler, VI+, 4 H (Brüchig)

Ekkehard Herbst mit Thomas Stephan 1974

Einstieg auf dem unten vorgelagerten Absatz. Schräg rechts ansteigend zu breiterem Band ca. 10 m höher (= 1. Hallwegstand). Bis dorthin sehr brüchig, Absicherung nicht möglich. Von dem Band leicht links haltend über überhängendes Wändchen (2 H), das mit Dächlein abgeschlossen wird. Hier nun kurz nach links, um sofort **ganz gerade** (2 H) hinaufzusteigen zu einer großen, nach links ansteigenden Rampe (scherzhaft „Autobahn" genannt).

R 27: Hallweg, IV+, gesamt 6 H *Ludwig Hall 1926 solo*

Im rechten Wandteil zieht eine mächtige Verschneidung bis etwa zur halben Wandhöhe hinauf. Nach ca. 15 m in dieser links zum Absatz (1. Stand, H). 2 m nach rechts in die Verschneidung queren, um sie gänzlich zu durchsteigen (3 H). 2. Stand (H) an ihrem Ende links am Beginn einer breiten „Rampe" (= die „Autobahn"). Die Rampe links hinauf, um beim „Freundschaftsstand" (H) ca. 6 m nach links **waagrecht** auf schmaler werdendem Bändchen zu queren. An kurzem Riß weiter und in offener Verschneidung zum Ausstieg.

R 27 A: Tortenverschneidung, V+, 2 H

Norbert Sialkowski mit Bernd Kullmann 1971

Die Route leitet die linke Verschneidungsrampe zwischen 1. und 2. Hallwegstand hinauf.

R 27 B: Ohne Magnesia, VII-, 4 H

Christian Fütterer mit Tommy Simon 1986

Einstieg 3 m unterhalb des 1. Hallwegstandes, rechts. Erst über Wändchen, dann an Hangelschuppe weiter hinauf zum Beginn der R 28 B, ohne zum 2. Stand zu klettern. Dort brüchig.

R 28: Rauscherriß, V+, 4 H *Hans Rauscher ca. 1935*

Vom 2. Hallwegstand den dort ansetzenden Rißkamin hinauf. Bei Nische (H) nach links zu einem Riß. Diesen hinauf, um nach Überwinden eines kleinen Daches (2 H) oben schräg rechts haltend (H) auszusteigen.

R 28 A: Die Götter müssen verrückt sein, VII-, 2 H

???

Gleich zu Beginn der R 28 2 m nach rechts auf schildartige Platte klettern. Nun in genau senkrechter Linie weiter.

R 28 B: Alter Mann und die Wand, VII-, 4 H

Markus Uhl mit Thomas Speck 1980

Vom 2. Hallwegstand schräg rechts ansteigend (brüchig, 2 H) zu einem Band. Etwa 3 m links der Massivkante (H) bei Riß über die dort sehr kompakte Wand direkt hinauf. Ganz oben leicht linkshaltend aussteigen.

Kletterer schätzen „Bariho-Gummibärchen"

Touren am östlichen Wandvorbau, dem „Schiff"

R 29: Eckverschneidung, IV

Anstieg durch die spitzwinklige Verschneidung in Fallinie der rechten Falkenwandmassivkante, des „Bockgrates" (R 34).

R 30: Muffensause, VII+, 5 H

Steffen Schlönvogt und Lothar Hofmann 1984

Im linken Bereich durch die Wand unter dem Dach zu großem Absatz. Links um die Kante und dieser dann folgend. Bei 5. H. in seichte Verschneidung rechts. Diese empor.

R 31: Schiffüberhänge, V+A1, 6 H (alt + schlecht)

Kurt Jägel mit Rudolf Koch, ca. 1952

Auf den Absatz unter dem schräg ausladenden Dach gelangt man über die rechte Kante. Weiter den Haken folgend.

R 32: Handorgler, VII+ / VI+AO, 5 H ???

Der Anstieg verläuft in der Wand rechts der Einstiegskante der R 31. Kletterei dahingehend definiert, daß diese (linke) Kante nicht als Griff/Tritt mitbenutzt wird. Ausstieg über kleine Dachstufen.

Bei Kletterunfall — was tun?
Seite 111 bis 114 beachten!

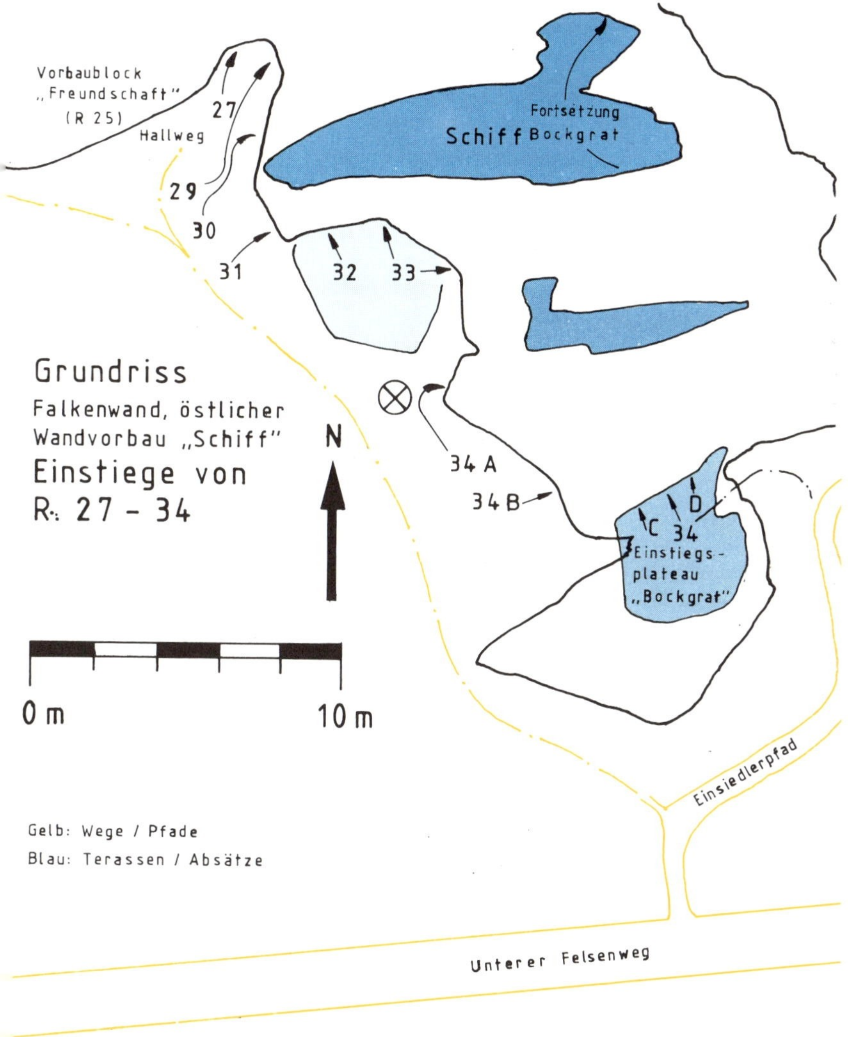
Vorbaublock
„Freundschaft"
(R 25)
Hallweg
27
29
30
31
32
33
Fortsetzung
Schiff Bockgrat
Grundriss
Falkenwand, östlicher
Wandvorbau „Schiff"
Einstiege von
R.: 27 - 34
N
34 A
34 B
C 34
D
Einstiegs-
plateau
„Bockgrat"
0 m
10 m
Einsiedlerpfad
Gelb: Wege / Pfade
Blau: Terassen / Absätze
Unterer Felsenweg

R 33: Tarzans Tip, IV, 1 H,

Lothar Hofmann mit Christian Horn, 1980

Durch kurze, grüne Kaminverschneidung zu Absatz. Von dort ziehen zwei markante Verschneidungen (gleich schwer) 10 Meter zum nächsten Absatz hinauf. Weiter schräg rechts durch eine gestufte Rinne (brüchig) und an ihrem Ende nach rechts auf Kanzel. Zurück in eine kleine Verschneidung (H), die zum großen Podest, dem „Schiff" leitet.

R 34: Bockgrat, IV+, gesamt 6 H,

Bock, im Alleingang 1905

Der Einstieg befindet sich an dem rechten, unteren Wandvorbau. Den ersten Absatz erreicht man in der Regel solo von rechts kommend über Blöcke. Nun durch die geneigte, recht glatte Wand, einer seichten Rißspur (H) folgend. Bei einem Band links in eine kleine Verschneidung (Baum), welche gleich wieder rechtshaltend verlassen wird, um über Wandstufen und später einer Kante folgend zum Standplatz auf großem Podest, dem „Schiff" zu gelangen. Jetzt vermittel die rechte Massivkante der Falkenwand den weiteren Anstieg. Erst an der Kante hinauf, bei auffallender Schuppe (H) schräg links durch teilweise brüchige Wand zu Absatz an der Kante (= Reitersitz, H, evtl. Stand). Jetzt weiter, **bald** nach **links!** querend in einen Riß, der auf den nächsten kleinen Absatz 4 m höher leitet. Nun etwas rechts haltend (H) und später zurück an die Kante, um weiteren Absatz (H) zu erreichen. Links der Kante zum Ausstieg. (Bild S. 214)

Unfallträchtigste Tour am Battert, bitte nicht unterschätzen!

Einstiegsvarianten zum „Bockgrat"

R 34 A: Dicke Lippe, V+

Rolf Gundermann mit Lothar Hofmann 1981

Einstieg an der mit Löchern versehenen Kante bei einem dicken Baum. Die Kante hinauf, um später nach links zum Beginn eines wulstigen Risses zu gelangen. Diesem folgend, oben eventuell rechts ausweichend zu einem Band. Weiter auf R 34 zum „Schiff".

R 34 B: Klemmkeilriß, V-, 1 H

Hans Laub mit Albert Friedrich 1972

Links unterhalb des schrägen Einstiegswandels des Bockgrates befindet sich ein Wändchen, das eine dreieckige grüne Zone aufweist. Dort hinauf und später (kurz auf Podest rechts ausweichend) den Riß oberhalb der grünen Dreieckspitze weiter (H). Die folgende stumpfe Kante leitet auf R 34 und zum „Schiff".

R 34 C: Linker Platteneinstieg, V-

Das geneigte Bockgrateinstiegwändchen wird links der seichten Rißspur direkt über die kompakte Wand erklettert.

R 34 D: Bogenriß, IV

Den Piazriß rechts des Normaleinstieges in dem geneigten Wändchen empor. Anschließend die Südostkante zum „Schiff" direkt ersteigen (dort teils brüchig).

Touren auf der Falkenwandrückseite

Zugang durch die Schlucht hinter der Falkenwand von oben, oder durch einqueren vom „Schiff" aus rechts um die Kante.

R 35: Dampfnudelweg, VI, 3 H *Gerd Popp, 1942*

Einstieg oberhalb einer erst waagrecht wachsenden Birke, leicht links haltend zu Haken, dann rechts hinauf zu brüchiger Piazschuppe. Diese hinauf, später rechts haltend in den Ausstiegsriß.

R 36: Angst vorm Fliegen, VI-, 3 H *Thomas Olböter 1985*

Die Route leitet ca. 3 m rechts der R 35 durch die bröselige und senkrechte Wand empor.

R 37: Firlefanz, V+, 2 H (schlecht) *Markus Uhl 1980*

Ein grüner Pfeiler, ca. 10 Meter hoch, gegenüber der Bergwachthütte, rechts einer Verschneidung.

Betrifft Ihre Sicherheit

1926 konnte Urban Schurhammer in seinem Battertführer feststellen, daß in den vergangenen **40 Jahren!** kein schwerer Unfall am Battert passierte. Heutzutage hat die Bergwacht etwa 5 Einsätze, meist mit Notarztruf, pro Jahr am Battert zu verzeichnen. Gewiß, heute klettern mehr Leute, aber damals war die Ausrüstung der Kletterer dafür wesentlich schlechter. Tatsache ist: Jeder klettert auf sein eigenes Risiko. Leichtsinn, fehlende Sicherheit und Selbstüberschätzung sind vermeidbare Unfallursachen.

Hier nun stichwortartig einige Ratschläge, die Unfälle vermeiden helfen sollen:

- Der Battert ist nicht „übernagelt". Vor dem Einstieg in eine Route ist sinnvolle Absicherungstaktik zu überlegen. Ein Satz „Rock-Stoppers" z.B. ist nützlich und meist ausreichend.

- Geschlagene Haken rosten und können ausbrechen, auch Bohrhaken.

- Zweifelhafte Griffe/Tritte brechen mitunter „explosionsartig" aus, Dreipunkt-Klettertechnik ist in solchem Gelände unbedingt nötig. Wer nicht merkt, daß z.B. die Graue Wand (R 277) teilweise heimtückisch brüchig ist, fordert sein Glück heraus.

- Steinschlaghelm tragen, er mindert das Verletzungsrisiko entscheidend.

- Standsicherungen, gerade auch am Boden, solide bauen. Die auftretenden Kräfte auf die HMS-Sicherung sind immens und werden oft unterschätzt.

- „Schlappseil" vermeiden, sparsamer Gebrauch von „Expreßschlingen", da oft große Hakenabstände, eventuell Einsatz von „Einhängeschlinge" (siehe unten).
- Abseilstellen am Battert oft knapp. Achtung bei gekürzten Seilen. Bei längeren Abseilwegen (etwa Badener Wand) „Einhängeschlinge" für die Selbstsicherung bereit haben.
- Weniger routinierte Leute beim Abseilen besser durch Zug von unten zusätzlich sichern (nur bei Gebrauch von Abseilbremsen, etwa Abseilachter). Prusikknoten ziehen sich oft unerwünscht zu.

ACHTUNG: Haare nicht in Abseilbremse bringen!

PRAKTISCHE TIPS:

Zum Abseilen: Seilschaft I will abseilen, etwa vom Sass-Maor. Erster einer Seilschaft II auch bereits am Gipfel. Nach Absprache Karabiner von **Seilschaft II** in Abseilhaken, Seil I in Karabiner einhängen. Wenn Seilschaft I unten, hängt Seilschaft II das Seil oben aus. Vorteil: Kein Zeitverlust, keine Seilabnutzung durch Abziehen. Bei langen Abseilwegen kann so 1 x am Einfachseil abgeseilt werden.

Die Einhängeschlinge: Ein 11 mm Seilstück wird am Gurt wie das Kletterseil eingebunden. Am anderen Ende ist ein Karabiner, ideal mit gekrümmtem Schnapper, mittels durch Halbschlag gesicherten Mastwurf befestigt. Eine Seilstücklänge von 3 m erlaubt noch genügend „Bewegungsfreiheit" beim Einsatz im Vorstieg.

ACHTUNG: Karabinerhaken darf **nie** offen stehen bleiben.

Klettern ist ein schöner, aber riskanter Sport. Moderne Ausrüstung alleine reduziert das Unfallrisiko nicht. Ihre Handhabung muß unbedingt fachlich geschult und geübt werden.

1. Fragen ...
«?»
Fuchtl
Nerv
2. EINHÄNGEN
CLAC
3.
so langsam brauch ich meinen Karabiner wieder!
Tap Tap Tap
???
Bescheid
4. Bescheid sagen

Das Massiv Frühstückswand, Sass Maor u. Cima della Madonna

Übersicht: Steht man auf der Falkenwand, fällt talseitig der Doppelgipfel Sass Maor (links) und Cima della Madonna (auch „Stösserturm" genannt) sofort ins Auge. Südöstlich der beiden Gipfel gliedert sich das Frühstückswandmassiv direkt an. Sein Gipfelplateau befindet sich 20 m unterhalb der beiden anderen Gipfel. Das Bild gegenüber zeigt die Gruppe von den „Felsentreppen" betrachtet, also von Südwesten.

Zu- / Abstieg: Über die Felsentreppen, oder vom Falkenwandplateau kommend über R 6, die „Grüne Rinne". Abseilweg bei der Frühstückswand: Am Fuß des ca. 4 m hohen Gipfeltürmchens ganz südöstlich (dem „Funny Hill") 1. Abseilhaken, 22 m tiefer in grünlicher Wand bei kleinem Podest unter kleinem Wulst 2. Abseilhaken (Bühlerhaken, gelb markiert). 45er Seil nötig!

Frühstückswand

R 38: Morscher Ast, V 1 H

Christian Fütterer mit Sieglinde Herr 1985

Steigt man von der „Grünen Rinne" (R 6) kommend in Richtung „Falkenwand" ab, fällt rechts eine kurze Wand auf: (3 H einer bis dato unvollendeten Tour von C. Fütterer, Name: „V 2 A"). Anstieg an der linken (östl.) Begrenzungskante dieses Wändchens.

R 39: Mooswandl, V, 3 H (alt)

Werner Kübler mit Georg Möbs 1955

Steht man ostseitig am Wandfuß, fällt rechts ein separat stehender Pfeiler auf. Anstieg durch die stark mit Moos bewachsene Wandflucht.

„Cima della Madonna" und „Sass Maor" von Westen ▶

76
77
57

R 40: Ostriß, IV (Klemmkeile) *(vor 1926)*

Einstieg an der Ostseite des Massivs bei Kamin, der sich unten fast zu einer Höhle vertieft. Den Kamin hinauf (sehr brüchig, sollte rechts umgangen werden) zu großem Absatz. Durch Verschneidung zu weiterem Absatz. Nun linker Hand einen Riß empor, bis man durch Linksquerung einen weiteren Rißkamin erreicht. Dieses leitet zum Absatz an der Ostkante (H, Wandbuch). Linkshaltend R 44 folgend, zum Ausstieg.

R 41: Fanny Hill, VI, 1 H

Michael Hummel mit Bernd Kullmann 1979

Vom 1. großen Podest der R 40 den linken Riß hinauf, um 5 Meter vor dem Kantenabsatz in den rechten Parallelriß zu queren. Dieser leitet auf die Ostkante. Nun links der Kante auf „Funny Hill". „Gefährlich", da Griffe etwas unzuverlässig.

R 42: Neue Frühstückswand, VII-/VI-AO, 4 H

Stadtmüller, vor 1939

An der Ostseite des Massivs durch wulstig erscheinende Wand empor. Bei 2. H kurz nach rechts ausweichen. Nach 4. H vom Absatz aus beliebig und leicht zum Ausstieg.

R 43: Keep Smiling, VI+, 2 H

Michael Hummel mit Sabine Krüger 1981

An der Südostkante des Massivs hinauf. Einstieg weiter rechts, um durch Linksquerung in 3 Meter Höhe den Rißbeginn an der stumpfen Kante zu erreichen. Bei 2. H linkshaltend weiter. Ausstieg beliebig.

R 44: Alte Frühstückswand, IV+, gesamt 4 H

Odenwald / Beier 1913, im Abstieg!

Im rechten Teil der Südwand fällt in 10 Meter Höhe ein ca. 2 Meter breiter Kamin auf, der recht glatte Außenwände hat. Einstieg etwas links dieses Kamins, um nach ca. 6 - 8 Meter in ihn hinüber zu queren. Den Kamin (H) hinauf zu breitem Band mit Standhaken. Nun durch brüchigen Kamin (H) weiter gerade oder leicht rechts haltend empor zu Kanzel mit Wandbuch (H). Jetzt linkshaltend ansteigend über ein etwas zurückgeneigtes Wändchen.

R 45: Weg der Blödel (früher). Heute: Emma, VIII-, 2 H

Ehemalige Hakenroute von Martin Schliessler, die heute, neu eingerichtet, frei zu klettern ist. Links der R 44 über das große Dach, sich an der linken Kante orientierend.

R 46: Gaiserriß, VI, 4 H

Fred Gaiser mit H. Kimmes 1936

In Wandmitte der Südwand fällt eine nach SW geöffnete rötliche Verschneidung auf, welche unten den Ansteig weist. Nach 3. H gerade hoch in grünliche Nische. Nun auf Band rechts und von dort gleich anfangs rechts haltend, später links haltend (H) die Ausstiegswand hinauf.

R 47: Weg der Verzweiflung, A1 *Bernd Kullmann 1973*

Ehemalige technische Route, die links von R 46 über die Überhänge leitet, Ausgenagelt.

R 48: Offenburger Weg, IV+, 3 H

Ludwig Hall mit Roman Jörger 1927

Im linken Wandteil durchreißt ein tiefer Kamin die gesamte S-Wand. Diesen hinauf und 3 m nach 3. Haken nach rechts an die Kante queren, um dort den Ausstieg zu gewinnen. 45er Seil reicht, sonst Zwischenstand bei 2. H (dort Buch).

R 49: Frühstückskante, V+, 3 H

Kurt Jägel / Erich Eisler 1956

Die Route verläuft an der Südwestkante, die sich links des Offenburger Weges befindet. Einstieg in Fallinie der Kante oben. Die Dächer und Wülste im unteren Teil jeweils an der leichtesten Stelle überwinden. Nach Ringhaken schräg links hinauf und an der Kante weiter.

R 50: Nabelreiter, IV-, 3 H

Eine alte Route, die die Südwand von links kommend in halber Höhe „waagrecht" durchzieht. Man steigt auf den Absatz unter dem unteren Wandvorbau des Sass Maor ein (wie R 55). In 3 Meter hoher Verschneidung hoch zu weiterem Absatz. Jetzt um die Südwestkante der Frühstückswand queren (gleich Ring von R 49), um weiter waagrecht zu Buch des Offenburger Weges zu gelangen. Etwas absteigend um nächste Kante queren. Nach nächstem Rißkamin (R 46) wieder etwas absteigen, um ein bequemes Band zu erreichren, das zu Standhaken der alten Frühstückswand (R 44) führt. Ausstieg auf R 44.

Die Einstiege der Routen 44 bis 49 ▶

49
48
47
46
45
44

Sass Maor

Der Turm sitzt auf einem großen Sockel auf, welcher südseitig ca. 30 m abbricht. Weiter: Südlich und östlich ein Vorturm.

R 55: Vagabundenriß, V 1 H *Heinz Hallstein ca. 1954*

Im rechten Teil des südseitigen Wandsockels fällt eine 10 Meter hohe Piazschuppe auf, welche die sonst glatte Wand durchzieht. Zu dieser Schuppe durch kurze Verschneidung rechts und anschließenden Riß genau darüber. Jetzt die Piazschuppe hinauf (H) bis zu ihrem Ende. In leichtem (aber brüchigem) Gelände links hinauf und über kurzes Ausstiegswändchen empor.

Varianten: Wer für ganz brüchige Gebirgstouren üben will, klettert die blockgesperrte Verschneidung rechts, oder die Kante links neben dieser Verschneidung.

R 56: Schmittkamin, IV, 2 H *Scholl 1895*

Unten wird S-seitig der Wandsockel von einem breiten Kamin geteilt, der nach ca. 8 m unter sperrenden Blöcken endet. Hier hinauf und die Blöcke spreizend überwinden. Aus dem Kessel links weiter, um über kurzes Wandstück auf eine große Kanzel zu gelangen. Von dort durch eine Verschneidung zum Ausstieg.

R 56 A: Bogenriß, V+ *Hans Laub mit Albert Friedrich 1962*

Rechts des Einstiegskamines an feinem Riß zu dem Kessel, ohne links der Kante an die Blöcke zu spreizen.

R 56 B: Plattenweg, VI-, 3 H

Martin Schliessler mit Kurt Jägel 1962

Von dem Kessel in spitzwinkliger Verschneidung rechts hoch, dann um die Kante und über Wand schräg rechts hinauf (2 H) einer Rißspur folgend. Ausstieg schräg rechts haltend, nicht den Riß gerade empor.

SASS MAOR

SÜDLICHER VORTURM

SÜDSEITE

55 Vagabundenriß
56 Schmittkamin
A Bogenriß
B Plattenweg
C Schulterriß
D Franzosenwandl
E Feuerzauber
F Vorturm Ostwand
57A Pfingstkante Direkteinstieg

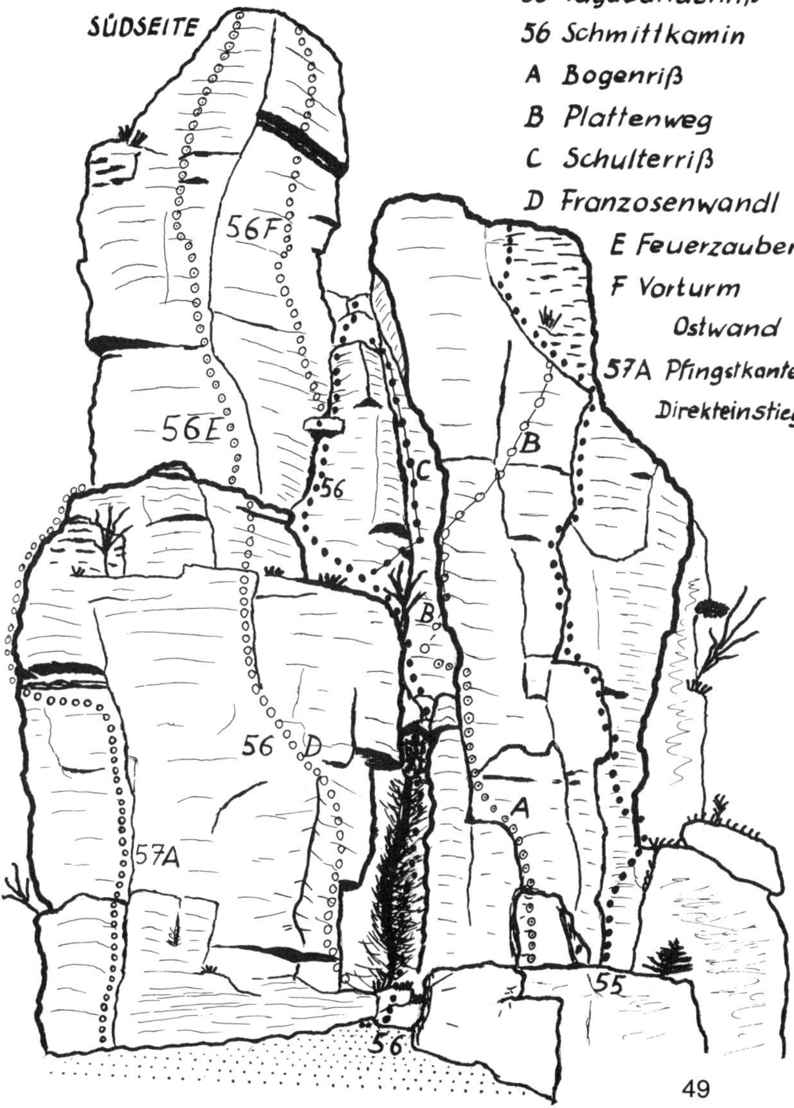

R 56 C: Schulterriß, V

Hans Laub mit Albert Friedrich 1964

Von der großen Kanzel (R 56) nach rechts queren, um in einen Riß zu gelangen, der oben nach links gebogen ist.

R 56 D: Franzosenwandl, VII+, 3 H ???

Links des Einstiegskamines (R 56) an Pfeilerwand zur großen Kanzel hinauf.

R 56 E: Feuerzauber, VII-, 2 H ???

Von der großen Kanzel (R 56) über die Südwand des südlichen Vorturmes auf dessen Gipfel. Einstieg im rechten Wandteil bei der Kante. Nach dem Haken geradeaus, später leicht linkshaltend weiter.

R 56 F: Vorturm Ostwand, VI, 2 H ???

Bei der Ausstiegsverschneidung (R 56) in die linke Wand (Ostwand des südlichen Vorturmes) einsteigen und zu dessen Gipfel. Homogener: Über R 56 E einsteigen, 2 m nach 1. H rechts um die Kante und in die Ostwand queren.

R 57: Pfingstkante, VI+ , 6 H

Kurt Jägel und Martin Schliessler 1949

Einstieg an der Westseite des südseitigen Vorturmes in dem rechten, tiefen Kamin. Dieser leitet nach ca. 10 m auf eine große Kanzel. Jetzt links um die Kante etwas höher zum Absatz. Nun direkt an der Südwestkante (3 H, Erstbegehung erfolgte ohne den 1. Bohrhaken!) bis ganz auf den Vorturm hinauf. Nach Spreizschritt schräg links hoch zur SW-Kante des Gipfelturmes, um über diese, oben ganz rechts, zum Ausstieg zu gelangen. Routenverlauf siehe auch Bild auf Seite 43.

R 57 A: Direkteinstieg, VII / VI-A1, 3 H

Martin Schliessler 1955

Die große Kanzel (R 57) wird über das südseitige Wändchen erreicht. Erst den Riß, später die linke Kante hinauf.

R 57 B: Feedback, IX-, 4 H ???

Über die rötliche, kompakte überhängende Nordwestwand des südlichen Vorturmes hinauf.

R 58: Schusterkamin, IV, 1 H *Schuster, etwa 1900*

Der Anstieg verläuft durch den nordwestseitigen Kamin, der zwischen Sass Maor und südlichem Vorturm emporzieht. Erst stemmend, nach dem Absatz teilweise spreizend empor.

R 59: Hartmannswandel, IV, 1 H *Hartmann, etwa 1920*

Vom südlichen Vorturmgipfel nach Spreizschritt durch die S-Wand zu Ring, später rechts ansteigend weiter. Bild S. 216.

R 60: Südverschneidung, V- (kleine Keile)

Karl Gottmann mit Frau Hilde 1950

Durch die rechts in der Südwand befindliche seichte Verschneidung hinauf. Einstieg rechts einer Birke.

R 61: Ostkante, IV+, 1 H *Rittershofer/Ott, etwa 1900*

Ostseitig des Sass Maor ist ein Türmchen vorgelagert. Auf dieses a) durch kurze Verschneidung von Süden, oder b) durch den nordseitigen Kamin zwischen dem Turm und Massiv. Jetzt über Ostwand zum Absatz (H) hinauf. Von hier stark links haltend an der Kante zum Gipfel.

R 62: Vorgipfel Nordwändel, V (Klemmkeile)

Hans Laub mit Albert Friedrich, 1962

Auf den ostseitigen Vorturm durch einen Riß (nordseitig) und später über kurze Wandstufe.

R 62 A: Boulderkante, VII+, *Michael Hummel solo 1982*

Auf den östlichen Vorturm über die Ostkante einsteigend.

R 63: Zauberpfeiler, VII, 4 H

Michael Hummel mit Markus Uhl 1980

Anstieg an der stumpfen Nordostkante des Hauptturmes, ohne in R 61 hinüber zu spreizen. Ausstieg über Gipfeldach direkt oberhalb des Bühlerhakens, bei weiterem Haken.

Bitte das amtliche Magnesiaverbot beachten!

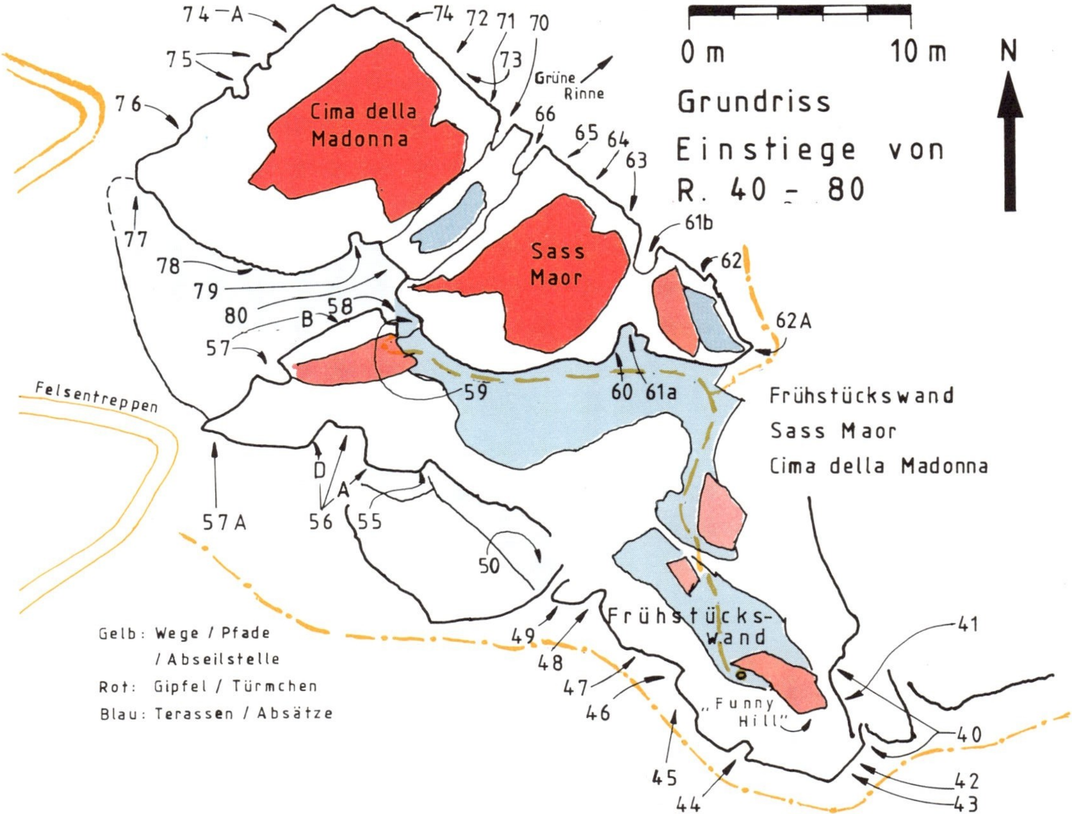
0 m
10 m
N
Grundriss
Einstiege von
R. 40 – 80
Cima della Madonna
Sass Maor
Frühstückswand
Sass Maor
Cima della Madonna
Frühstückswand
„Funny Hill"
Grüne Rinne
Felsentreppen
74-A
74
72
71
70
73
75
76
77
78
79
80
57
B
58
59
60
61a
61b
62
62A
66
65
64
63
57A
D
A
56
55
50
49
48
47
46
45
44
41
40
42
43
Gelb: Wege / Pfade / Abseilstelle
Rot: Gipfel / Türmchen
Blau: Terassen / Absätze

R 64: Dülferweg, VII / V+A0, 7 H

An der Nordostseite Einstieg im linken, kleinen Riß. Bei dessen Ende 1 m nach rechts in weiteren Riß und danach gerade hinauf über kleine Wülste und ein glattes Wändchen.

R 65: Schwabenweg, VI+ / V+A0, 6 H

Fred Gaiser mit Frau Hede 1934

Durch den etwa 7 Meter langen rechten Riß in der Nordseite hinauf. Jetzt Querung nach links, R 64 kreuzend, um in die Rißverschneidung zu gelangen, die auf den Absatz an der Ostseite des Turmes leitet. Vom Absatz schräg rechts und durch Verschneidung zum Ausstieg.

R 66: Kuhkamin, III-, 1 H (Ausstiegswand III)

Den linken Kamin hinauf, der nordseitig zu der Scharte zwischen Sass Maor und Cima della Madonna leitet. Weiter durch das Nordwestwändchen an Piazgriffen zum Gipfel.

Hier kann man auch mit seinem Leben „spielen"

Cima della Madonna

Der westliche des Doppelgipfels vor dem Falkenwandmassiv

R 70: Ochsenkamin, IV-

Nordseitig durch den rechten, teils überhängenden Kamin, der in die Scharte der beiden Türme zieht. Von der Scharte in die Südostseite queren, wo eine Verschneidung den Aufstieg vermittelt.
Variante A: V+, direkt über das ostseitige Dach. Im Abstieg wesentlich leichter.
Variante B: IV-, das Dach rechts umgehend und dann in Kaminverschneidung zum Gipfel.

R 71: Weg der Entspannung, VII+ / VIAO, 5 H

Michael Hummel mit Markus Uhl 1980

Knapp rechts vom Ochsenkamin (R 70) den Haken folgend durch die Nordwand. Sämtliche Bühlerhaken kamen erst Jahre nach der Erstbesteigung hinzu, daher heutzutage bedeutend anspruchsloser als früher (gilt mittlerweile für viele Battertrouten).

R 72: Jugend, VI / VAO, 5 H

Viktor Skaball mit Willi Freytag 1935

Erst dem durch die Mitte der NO-Wand verlaufenden Riß folgend. An seinem Ende nach rechts um die Nordwestkante queren, um dann schräg rechts ansteigend den Ausstieg zu erreichen.

R 72 A: Klimbim, VII+, 1 H

Mario Oberacker 1986

Auf der Höhe des Rißendes der Jugend (R 72) befindet sich links ein schmales Band. Von diesem senkrecht(H) durch überhängende Wand empor.

R 73: Ottovariante, IV+, 3 H

Wagner/Schurhammer 1924

Man quert beim Einstieg des Ochsenkamins (R 70) waagrecht nach rechts bis fast an die Kante. Nun weiter rechts ansteigend um Kante zu Absätzen. In der Westwand stets leicht rechts haltend zum Ausstieg.

R 74: Franz-Josef-Weg, VI+, 3 H

Bernd Kullmann mit Michael Hummel 1979

Einstieg auf einem Absatz nordseitig tief unten an der Nordwestkante. Schräg links überhängend hinauf, um den Beginn eines Risses zu erreichen, der ca. 2 Meter links der Kante hinaufzieht. Diesem bis zum Ende folgend und weiter linkshaltend über die Ausstiegswülste.

R 74 A: Maxell-Turbo-Dynamic-Boulder, VII- 2 H

Eric Krause mit Max Krause 1985

Ideal als Direktzustieg zur R 74. Einstieg am Wandfuß der Nordwestseite zwischen linker Massivkante und dem 1. Riß rechts. Über rötliches Wändchen zu Band, an grünlichem Fels darüber weiter zum Einstiegsabsatz der R 74.

R 75: Ottowand, IV+, (Einstieg V), 2 H

(Klemmkeile, Schlingen) *Otto Forkert 1924, alleine*

An der Nordwestseite durch einen der beiden Risse (original rechter Riß) in eine Höhle, die man wieder nach links verläßt, um auf einen Block zu gelangen. Von hier schräg rechts ansteigend zu Absatz (Sanduhr) in der Nordwestwand. Weiter gerade hinauf dem Riß folgend zum Ausstieg.

CIMA DELLA MADONNA

NORDANSICHT

70 Ochsenkamin
71 Weg der Entspannung
72 Jugend
72A Klimbim
73 Ottovariante
74 Franz-Josef-Weg

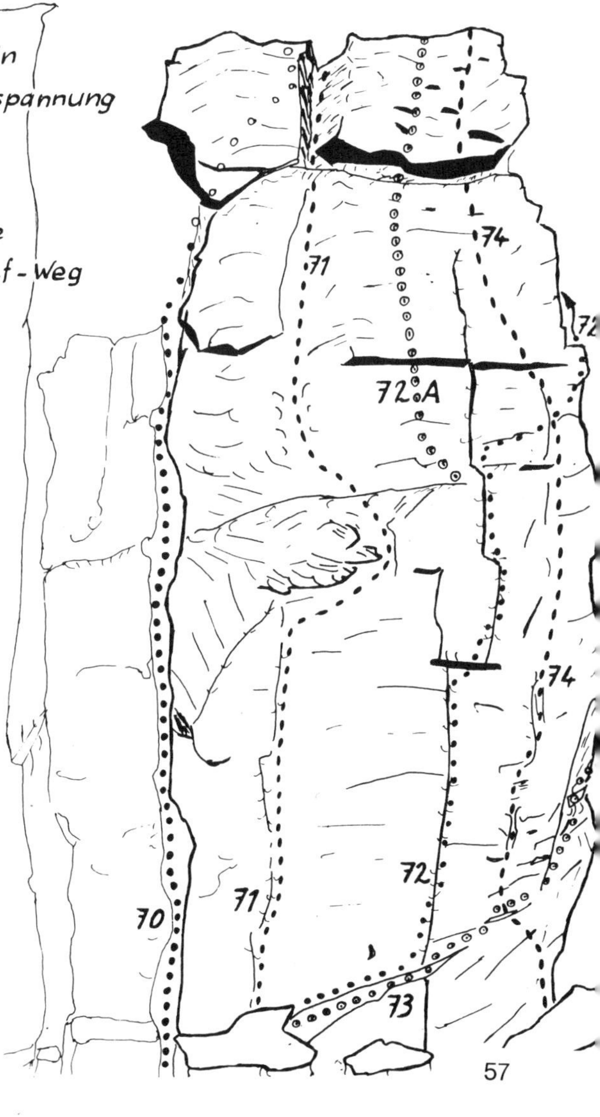

R 76: Südwestkante, VII+ / VIAO, 8 H

Kurt Jägel mit Klaus Riedinger 1943

Knapp links der Kante fällt ein Dach in ca. 8 Meter Höhe auf. Unter dieses und nach rechts auf die Kante, um in den Riß links der Kante zu gelangen. (Dach auch direkt überwindbar). Dem Riß folgend zu Absatz in Wandmitte. Weiter über die rechte Kante, nur kurz bei überhängendem Sporn (H) nach links ausweichen.

R 77: Schleierkante, V, 4 H

(bis in die 80 er Jahre nur 2 H) *Ludwig Hall, ca. 1931*

Knapp rechts der Südwestkante zu einem größeren Querband mit anschließendem Wulst hinauf. Nach diesem über das Wändchen unter ein kleines Dach (1 H). Weiter etwas rechts in Verschneidung und gleich leicht links haltend über Wändchen, um auf Absatz rechts zu gelangen. Nun leichter weiter in die Verschneidung, die unter einem großen Dach endet. Circa 3 Meter unter dem Dach (bei Haken) Querung nach links und an der Kante zum Gipfel.

R 77 A: Dachunterquerung, V, 2 H

Die Verschneidung ganz durchsteigen, um nun direkt unter dem Dach nach links zu queren. (Das Dach kann auch direkt überklettert werden, an Dachkante ein H).

Beim Klettern lebenswichtig: Richtig sichern!

R 78: Schleierwand, V+, 3 H *Walter Stößer, ca. 1933*

Im rechten Bereich der S-Wand an 2 Parallelrissen ca. 7 m hinauf (2 H), dann linkshaltend weiter zu Band. Der Wulst dort wird rechtshaltend überklettert, um einen Riß zu erreichen, der zu einem Absatz leitet. Von hier links ansteigend die Wand queren, um an eine stumpfe Pfeilerkante zu kommen. Dort geradeaus weiter und über kompaktes wulstiges Wändchen (H) zum Gipfel. Kühne Route, da sehr „frei". (Distanz vom 2. zum 3. H. ca. 25 m, selten gute Keile zu legen).

R 79: Schulmäßige Keile, VI-, 1 H *Tommy Simon 1986*

(Teilstrecken der Route schon früher begangen)

Einstieg in Rißverschneidung knapp links des „Lohmüllerkamines" (R 80). Unter dreieckigem Dach (H) nach links und gleich geradeaus weiter zu Absatz. 1 m nach links queren, dann geradeaus an einem Riß weiter, der bis zum Gipfel leitet.

R 80: Lohmüllerkamin, IV+, 2 H *Lohmüller, etwa 1900*

Anstieg durch den südseitigen Kamin, der zur Scharte zwischen Sass Maor und Cima della Madonna hochleitet.

Zu Gast im Naturschutzgebiet Battert

Allgemeines: Die Battertfelsen erfreuen sich bei Kletterern aus ganz Süddeutschland und dem Elsaß großer Beliebtheit. Zum einen liegen alle Touren sehr dicht beieinander, zum anderen bietet der Battert eine überaus große Anzahl leichter und mittelschwerer Routen. Dementsprechend großer Betrieb herrscht auch an den Wochenenden. Daß sich die Besucher des Batterts nicht als Eroberer, sondern als Gäste benehmen, will ich voraussetzen. Wir Kletterer haben nämlich nicht den alleinigen Anspruch auf das Territorium Battert, daher gilt es, Spannungen etwa mit Anwohnern oder Behörden zu vermeiden. Nur wenn es zu beweisen gelingt, daß durch den Kletterbetrieb am Battert die Natur keinen Schaden erleidet, ist ein Kletterverbot auch in fernerer Zukunft auszuschließen.

Anfahrtswege: Die Zufahrt findet man mit Hilfe einer guten Straßenkarte (z. B. Generalkarte Nr. 21). Parkmöglichkeiten bestehen beim Alten Schloß (Burg Hohenbaden) und dem Battertparkplatz bei Ebersteinburg.

Bitte, halten Sie unbedingt bei den Parkplätzen eine ausreichende Gasse für Einsatzfahrzeuge der Rettungsdienste frei !

Von den Parkplätzen ist das Felsgebiet in 10 Min. zu erreichen.

Wegesystem: Ersichtlich auf den Tafeln am Eingang des Naturschutzgebietes. Das Verlassen der dort aufgezeigten Wege ist im Grunde verboten, dem Kletterer wird es aber zugestanden, da Klettern am Battert (zur Zeit) ausdrücklich erlaubt ist.

Wege zu den einzelnen Massiven: Siehe Lagepläne der Buchdeckelinnenseiten, sowie Absatz „Übersicht" bei jedem Felsmassiv. Bitte benützen Sie die am eindeutigsten vorhandenen Pfadspuren und unterlassen Sie vermeintliche Abkürzer. Der rege Gebrauch der eingerichteten Abseilstellen ist wünschenswert. Es wird sich hoffentlich einbürgern, daß öfter tagesweise ausgediente Kletterseile als „Fix-Abseilwege" zur Verfügung stehen.

Klettertreffpunkte: Z.B. am Fuß des Bismarckgrates (Vesperstein), auf der Falkenwand (bei Bergwachthütte), knapp östlich des kleinen Predigtstuhls (unter überhängendem Wändchen, dem „Block"), auf der „Hängenden Wand" (Zeltplatzkante), u.v.m.

Diebstähle von Ausrüstungsgegenständen kommen am Battert leider auch vor, daher bitte nicht allzu sorglos sein. Andererseits werden oft Fundsachen bei der Bergwacht abgegeben. Leider vorkommende Einbrüche in die Bergwachthütte lohnen nicht, da in der unbesetzten Hütte nichts Wertvolles (außer Spezialrettungsgeräten, Sanitätsmaterial) wie etwa Bargeld, Kletterführer oder Ausrüstung verbleibt.

Abfall: Wir bitten alle Kletterer, ihren mitgebrachten Abfall auch wieder selbst mit nach Hause zu nehmen. Die spärlich aufgestellten Mülleimer sollten weniger einsichtigen Mitmenschen zur Verfügung stehen. Vor allem Glasflaschen sollten nicht im Naturschutzgebiet verbleiben, denn Scherben gefährden jedes Kletterseil (und damit unser Leben). Die Teilnehmer der jährlich stattfindenden „Battertputze" haben übrigens keinen Spaß daran, anderer Leute Dreck wegzutragen.

Verpflegung / Übernachtung: Am Battert gibt es kein Wasser und auch keinen Kiosk. Zelten ist verboten. Eine Jugendherberge (B.-Baden) sowie Gasthäuser / private Unterkünfte in Ebersteinburg bieten Übernachtungsmöglichkeiten.

Kletterkurse / Aus- und Fortbildung: Die hiesigen AV-Sektionen bieten ihren interessierten Mitgliedern permanent Fortbildungsmöglichkeiten bezüglich Klettern. Eine aktive Teilnahme am Sektionsleben ist ein Garant für gute Ausbildung. Kletterkurse und Führungen am Battert werden auch von den in der Region ansässigen staatlich geprüften Berg- und Skiführern angeboten.

Anschriftenverzeichnis:

Alpenvereinssektion der Region

Sektion Baden-Baden	Drosselgasse 6, 7573 Sinzheim-Winden ☎ (0 72 21) 8 33 81
Sektion Erfurt in Ettlg.	Zehntwiesenstr. 9, 7505 Ettlingen ☎ (0 72 43) 7 81 99
Sektion Freudenstadt	Am Burgerwald bei Frau M. Bauschbach 7230 Freudenstadt-Kniebis ☎ (0 74 42) 29 42
Sektion Heidelberg	Brückerstr. 30 bei Kohler, 6900 Heidelberg ☎ (0 62 21) 4 40 76
Sektion Karlsruhe	Willi-Egler-Straße 6, 7500 Karlsruhe 21 ☎ (07 21) 57 547
Sektion Mannheim	Hellebardenweg 6 bei Hiltscher 6800 Mannheim 25 ☎ (06 21) 44 78 31
Sektion Offenburg	Hasemannweg 4 bei Okenfuss, 7600 Offenburg ☎ (07 81) 3 27 41
Sektion Pforzheim	Östliche Karl-Friedrich-Straße 134 7530 Pforzheim ☎ (0 72 31) 58 11

Autor dieses Führers

(bei Neutouren, Verbesserungsvorschlägen bitte benachrichtigen)

Rolf Gundermann · Gernsbacher Str. 1 · 7560 Gaggenau 14

Hier auch: Private Buchbestellungen per Versand.

BERGWACHT: Siehe Seite 116

ERSTE HILFE ☎ 2 22 22
(=DRK-Rettungswache Baden-Baden, alarmiert Bergwacht per Funk)
oder ☎ (0 72 23) 2 22 22
(Rettungsleitstelle Bühl, alarmiert Bergwacht per Funk)

WICHTIG: Genauen Unfallort angeben.
(Welches Felsmassiv? In Wand oder unten?)

Beachte auch Seite 111 – 114

Unterkünfte: Jugendherberge Baden-Baden
Hardberstraße 34 · 7570 Baden-Baden ☎ (0 72 21) 5 22 23

Unterkunftsverzeichnis zu beziehen über: Bäder- u. Kurverwaltung
Augustaplatz 8 · 7570 Baden-Baden ☎ (0 72 21) 200 - 201

Staatl. gepr. Berg- und Skiführer:
Alpin- und Kletterschule Nordschwarzwald · Thomas Stephan,
Lanzmattweg 1 · 7570 Baden-Baden · ☎ (0 72 21) 7 28 31

Ralf Dujmovits · Oberfogt-Haefelin-Str. 39a
7580 Bühl · ☎ (0 72 23) 18 01

Jörg Wilz · Im Grund 7 · 6800 Heidelberg · ☎ (0 62 21) 80 07 62

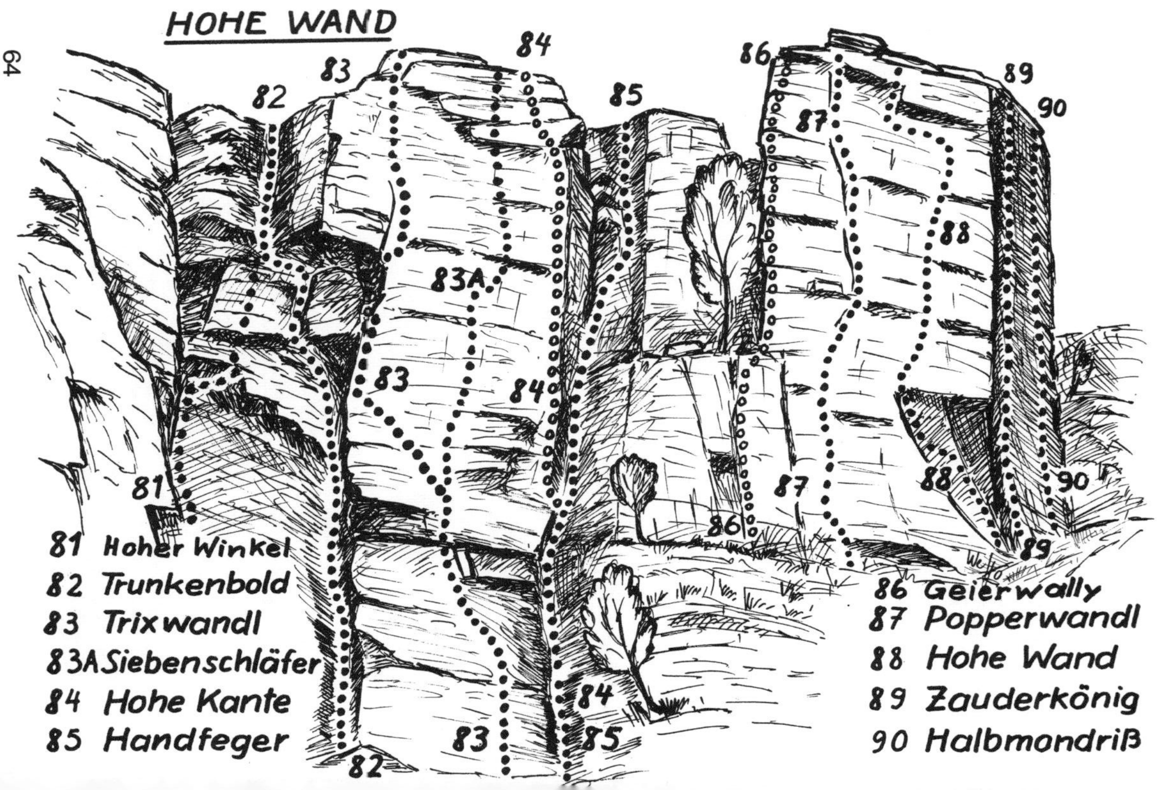
HOHE WAND
81
82
83
83A
84
85
86
87
88
89
90
81 Hoher Winkel
82 Trunkenbold
83 Trixwandl
83A Siebenschläfer
84 Hohe Kante
85 Handfeger
86 Geierwally
87 Popperwandl
88 Hohe Wand
89 Zauderkönig
90 Halbmondriß

Die Hohe Wand

Übersicht: Es ist jene Wand, die gleich nordwestlich des Falkenwandmassivs steht. Die Wand weist eine Höhe von bis zu 35 Metern auf.

Zu- / Abstieg: Die Felsentreppen leiten knapp unterhalb des Wandfußes vorbei. Von der Bergwachthütte kommend: Wenige Meter auf dem oberen Felsenweg nach Westen, um gleich links zum Gipfelplateau zu gelangen. Am Wandabbruch stehend rechts (westl.) bei etwas tieferem Absatz Abseilhaken. 45er Seil reicht knapp.

R 81: Hoher Winkel, IV, 1 H (dieser alt)

Der Anstieg leitet durch die dunkle, mehrfach blockgesperrte Kaminverschneidung, die ganz links mit einem Vorbau gebildet wird. Im oberen Bereich eher rechtshaltend aussteigen.

R 82: Trunkenbold, IV, 1 H

Christian Horn mit Jörg Repp 1981

Im linken Wandteil durch Kaminverschneidung zum Teil spreizend unter das große Dach fast oben. Dieses links umgehend (große, nicht feste Blöcke) zum Ausstieg.

R 83: Trixwandl, VII- / VI-AO, 6 H

Georg Möbs/Peter Blattmann 1960

Durch die schildartig vorstehende Wand (links und rechts von Verschneidungen begrenzt) hinauf. Einstieg über kleingriffiges Wändchen unter einem kleinen Dach in ca. 6 Meter Höhe. Nach dem Dach leicht ansteigende Querung nach links zur Kante. Bei einer Sanduhr weiter rechts der Kante durch feinen Riß zum Gipfel.

R 83 A: Siebenschläfer, VII-, 3 H

Michael Hummel mit Markus Uhl 1980

Einstieg wie R 83, nach dem Dach jedoch direkt gerade empor.

R 84: Hohe Kante, V+, 1 H *Kurt Jägel ca. 1944*

Über die rechte Kante des schildartig vorstehenden Wandteiles. Originaleinstieg über das Band in ca. 10 m Höhe im rechten Wandteil. Idealer: Zu diesem Band über R 85.

R 85: Handfegerverschneidung, IV-
(eine Stelle unten, sonst III+) **2 H**
Werner Kübler mit Tochter Birgit 1981

Anstieg durch die ausgeprägte Verschneidung in der Mitte der S-Wand. Einstieg an seichtem Riß unter der Verschneidung.

R 86: Geierwally, IV- *Lothar Hofmann 1980*

Knapp rechts der Verschneidung von R 85 an einer Kante hinauf.

R 87: Popperwandl, V- *Bernd Kullmann 1980*

Einstieg rechts einer kleinen Verschneidung (dort H) auf dem Querband in der rechten Wandhälfte. Über teils brüchige Stufen und Bänder ansteigend zu einem feinen Riß. Über diesen hinauf.

R 88: Hohe Wand, V, 1 H
Martin Schliessler mit Kurt Jägel ca. 1947

Einstieg am rechten Ende des waagrechten großen Bandes. Über Platte zur Kante und links dieser über Wulst (H), geneigtes Wändchen und Überhang zum Ausstieg.

R 89: Zauderkönig, VII- / V+AO, 3 H
Lothar „Zauder" 1982

Durch die linke Ostwand des Massivs knapp rechts der Kante und später an ihr hinauf.

R 90: Halbmondriß, V-

Hans Laub mit Albert Friedrich 1962

Den leicht gebogenen, abdrängenden Riß an der Ostseite empor. Wer Kraft und Ruhe hat, findet Zeit, Keile zu legen.

Der Predigtstuhl

Übersicht: Steht man oben auf dem westlichen Ende des Falkenwandmassivs, erkennt man südwestlich nach unten blikkend, den Doppelgipfel des Predigtstuhls. Beliebt und für Kletteranfänger bestens geeignet ist die geneigte Westwand an dem niedrigeren Südgipfel. Diese Wand ist praktisch überall begehbar, es befinden sich allerdings keine Haken darin.

Zu- / Abstieg: Nordwestlich des Massivs Pfadspur abzweigend von den Felsentreppen. Abseilring bei Ausstieg der R 95 (gute „Übungsabseilstelle"), sowie auf dem Hauptgipfel, dem „Predigtstuhlturm".

Touren auf den (niedrigeren) Südgipfel

R 95: Kleine Westkante, III- (Einstieg III+)

Die linke Begrenzungskante der geneigten Westwand hinauf.

R 96: Glattes Wandl, IV, (gut mit Klemmkeilen zu sichern)

Immer rechts eines feinen Risses im linken Wandbereich.

R 97: Direktroute, III (Einstieg III+)

In der Wandmitte Einstieg in einer kleinen Verschneidung hinter Baum, um oben bei einem Riß über ein Wulst (mit Strauch) auszusteigen.

R 98: Westwand Normalanstieg, II

Im rechten Teil der zurückgelegten Wand bei kleiner Verschneidung Einstieg, um über wulstige Felsstrukturen in die Wandmitte zu gelangen. Weiter, mittels Querung in den rechts gelegenen seichten Kamin. An diesem zum Südgipfel.

„Die zurückgeneigte Westwand des Südgipfels. Oben links: Der Predigtsuhlturm." ▶

Haupt-
gipfel
Südgipfel
95
96
97
98

R 99: Parallelriß, VII / VI-AO, 7 H

Martin Schliessler mit Kurt Jörger ca. 1943

Einstieg am tiefsten Punkt des Massivs südseitig bei ebenem Platz unterhalb einer großen Verschneidung. Knapp links dieser an überhängendem Riß zu einem Band. Nun weiter, leicht links haltend durch überhängende (brüchige) Wand (2 schlechte H), um knapp rechts einer Kante auszusteigen.

R 100: Freudenstädter Weg, VI-, 3 H

Fred Gaiser mit Berthold Lehmann 1935

Einstieg wie R 99, jedoch rechts von der Verschneidung an rundlichem Riß unter Wulst (H). Rechtshaltend zu einer Rampe, die zum Beginn eines Grasbandes auf der Ostseite hinaufleitet. An dort ansetzendem Riß (links) über die Ostwand (2H) zum Gipfel. Einstiegsvariante: Ganz unten die Pfeilerkante rechts hoch (VII-).

R 101: Jenseits von Eden, VII-, 3 H

Lothar Hofmann mit Martin Lambert 1980

Am Wandfuß der Ostwand rechts einer Kante durch Verschneidung zur Rampe. Diese leitet zu einem waagrechten Grasband rechts. Nun durch die glatte, kleingriffige Ostwand an einem feinen Riß (3 H) hinauf.

R 102: Schwindsuchtriß, VI+

Emil Schwebe mit Arthur Germershaus 1960

Der Kamin zieht an der Nordseite des Südgipfels hinauf. Ausspreizen nach rechts vermindert die Schwierigkeiten entscheidend.

R 103: Der „Block"

Ostseitig vorgelagerter, dort stark überhängender Boulderblock bei einer Kehre der Felsentreppen. Derzeit sind 2 Routen eingerichtet.

Südgipfel und Predigtstuhl von Osten.
Das Dunkle im Vordergrund: Der „Block" ▶

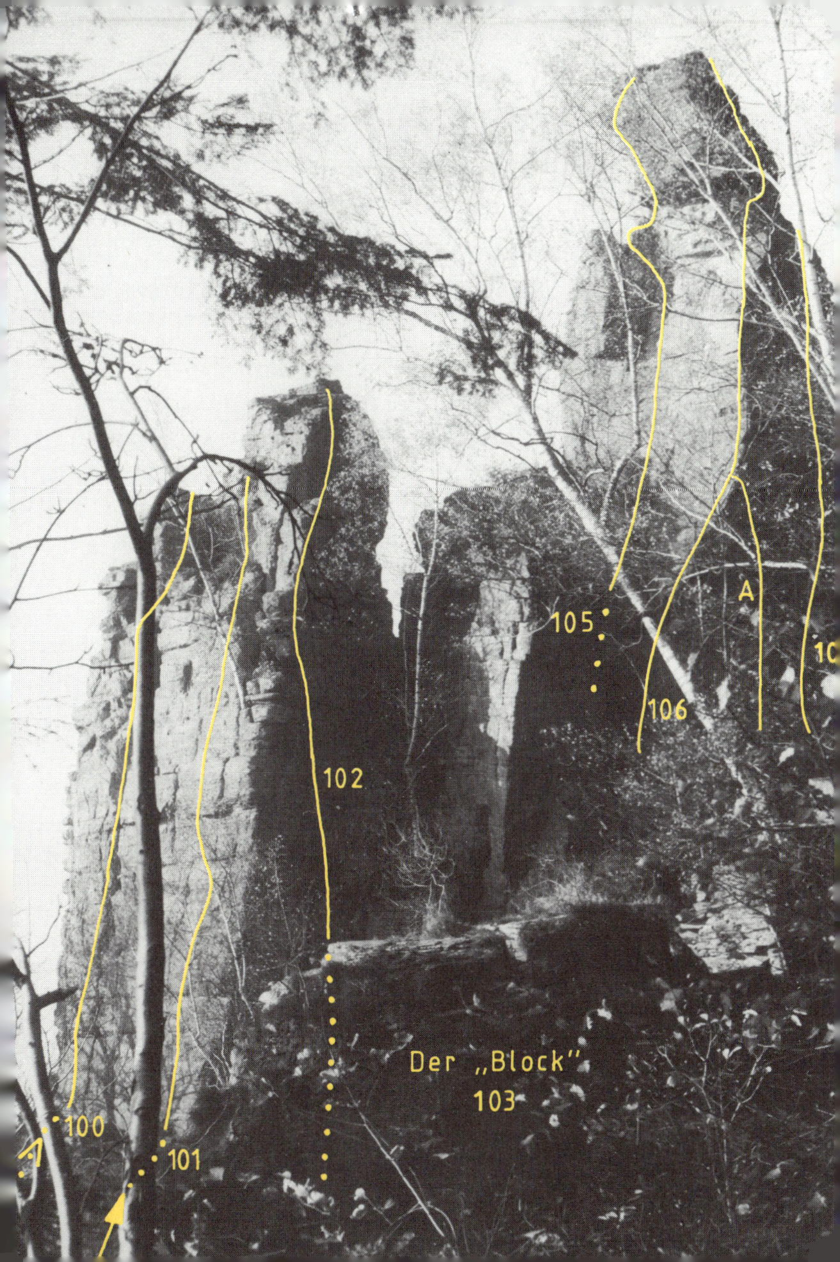

100
101
102
Der „Block"
103
105
106
A
10

Touren auf den Hauptgipfel, den „Predigtstuhlturm"

R 104: Normalanstieg, III-

Von der Scharte zwischen Südgipfel und Turm durch die Südwand auf ein waagrechtes Band. Dieses nach links bis auf die Nordseite verfolgend, um dort über geneigtes wulstiges Wändchen auf den Turm zu gelangen. (Bild S. 69)

Variante: V-
Vom Ringband direkt über den Überhang rechts der Südwestkante.

Abstieg: Normalweg oder durch Abseilen.

Hinweis: Anfänger sollten das Abseilen möglichst vorher an einem niedrigen Wändchen üben, um Sicherheit zu erlangen und um die Angst vor der Höhe abzubauen.

R 105: Ostwandriß, IV, 1 H

(auch „Mensch ärger dich nicht" genannt)

Einstieg an der Ostseite, wo ein kleiner Turm steht und mit dem Massiv einen Durchgang bildet. Links an feinem Riß zum Band. Weiter durch Verschneidung auf Absatz links. Nun rechts die Südostkante zum Gipfel.

R 106: Weißer Fleck, VI+, 1 H *Bernd Kullmann 1978*

Die rechte Kante der Ostwand (mit auffallendem weißen Fleck) folgend und über den Wulst nach rechts zum Ausstieg.

R 106 A: Fingerknacker, VII, 1 H

Michael Hummel 1986

Auf der Nordseite knapp rechts der linken Kante einsteigen.

Bild auf Seite 71

R 107: Seilquergang, IV+, 3 H

Kurt Jägel mit Heinz Hallstein ca. 1946

Aus der Scharte zwischen Südgipfel und Hauptturm auf Band nach rechts zur Ostkante (H). In der Nordostwand leicht ansteigend, um über die Nordkante auszusteigen.

R 108: Alarmstufe Rot, VIII / VII AO, 2 H

Michael Hummel 1981

Über die mehrfach überhängende Nordostwand direkt empor.

R 109: Nordkante, V, 1 H

Erstbegehung vor 1924!

Einstieg knapp links oder leichter knapp rechts der Kante, um später links der Kante (H) zum Gipfel zu gelangen.

R 110: Neue Westwand, VI

Michael Hummel 1975

Durch die senkrechte Wand rechts der Nordkante (R 109) feinen Rissen folgend hinauf. Sehr schwer, gute Keile zu legen!

Der Arbeitskreis Battert

Eine Naturschutzinitiative von Kletterern für Kletterer

Als vor hundert Jahren am Battert die ersten Routen geklettert wurden, waren es nur wenige Personen wie Paulcke, Lohmüller und Gefährten und es geschah ohne nennenswerte Schädigung der Natur.

Der erste Kletterführer von 1926, den Urban Schurhammer für die Alpenvereinssektion Karlsruhe geschaffen hat, diente als Wegweiser zu „frohen und kühnen Fahrten" im Felsgebiet des Battert.

Heute, da Klettern ein Massensport ist, muß man auch über die Auswirkungen auf die Natur reden. Ich bin der Bergwacht Baden-Baden und dem Bearbeiter dieses Kletterführers, Rolf Gundermann, dankbar, daß ich hier von der Tätigkeit des Arbeitskreises Battert berichten kann, der zum Schutze des Gebietes gegründet wurde.

In den vergangenen Jahren hatte sich die Gefahr einer Beschränkung oder eines Verbots des Kletterbetriebes am Battert verstärkt. Deshalb wurde 1986 auf Initiative der DAV-Sektion Baden-Baden der Arbeitskreis Battert gegründet. Er setzt sich aus Vertretern der umliegenden DAV-Sektionen, von Bergwacht, Forstamt und Naturschutzbehörde zusammen. Sein Ziel ist, den Battert als Klettergarten und Naherholungsgebiet so hautnah wie möglich zu erhalten und Schäden zu regenerieren. 1987 wurden diverse Maßnahmen geplant und mit freiwilligen Helfern durchgeführt, die schon recht gut gegriffen haben, wie Vertreter der beteiligten Behörden und der Stadtverwaltung Baden-Baden bei einer Präsentation bestätigten.

Bei den Arbeitseinsätzen haben sich ehrenamtlich besonders viele junge Leute beteiligt. Es war überaus erfreulich zu erleben, wie z.B. eine große Gruppe aus Pforzheim am Vormittag

Kletterkurs machte und danach mit Begeisterung mithalf, die 150 Jahre alte Felsentreppe mit den vorhandenen Steinplatten zu restaurieren und die Abkürzer und Trampelpfade mit Ästen und Reisig zu verbauen, um so wirksam der Erosion entgegenzuwirken. Oder wie verantwortungsbewußte Kletterer der Bergwacht und der Klettergruppe der AV-Sektion Baden-Baden sorgfältig viele Abseilmöglichkeiten einrichteten, um die Schäden zu minimieren, die beim Absteigen durch die besonders erosionsgefährdeten Schluchten und Geröllhalden entstehen. Eine weitere wichtige Aufgabe sah und sieht der Arbeitskreis in der Information über naturgerechtes Verhalten der Kletterer und Besucher. Dazu dienen die zwei Schautafeln bei der unteren Batterthütte und beim Alten Schloß, aber auch mit persönlichen Gesprächen möchten wir Fehlverhalten verhindern helfen.

Abschließend möchte ich Sie bitten, bei Ihrem Besuch folgende „Regeln" zu beachten:

- ○ Die Einstiege, wenn möglich, durch Abseilen erreichen.
- ○ Wenn keine Abseilpiste besteht, beim Abstieg durch die Schluchten nicht mit dem losen Geröll Fußball spielen.
- ○ Lautstarken Betrieb vermeiden.
- ○ Magnesiaverbot beachten.
- ○ Keine Pflanzen oder Sträucher (besonders Stechpalmen) aus- oder abreißen.
- ○ Abfälle wieder mitnehmen.
- ○ Kein Feuer im Wald machen.
- ○ Im Naturschutzgebiet nicht frei campieren.
- ○ Ein loser Stein auf dem Weg ist schnell beiseite gelegt und stört dann nicht mehr.

Bitte beachten Sie diese wenigen Maßnahmen. Diese stellen für Sie keine wesentliche Einschränkung dar, können aber mithelfen, den Battert in seiner natürlichen Schönheit zu erhalten.

Für den Arbeitskreis *Georg Dick, im Januar 1988*

SCHÖNE WAND

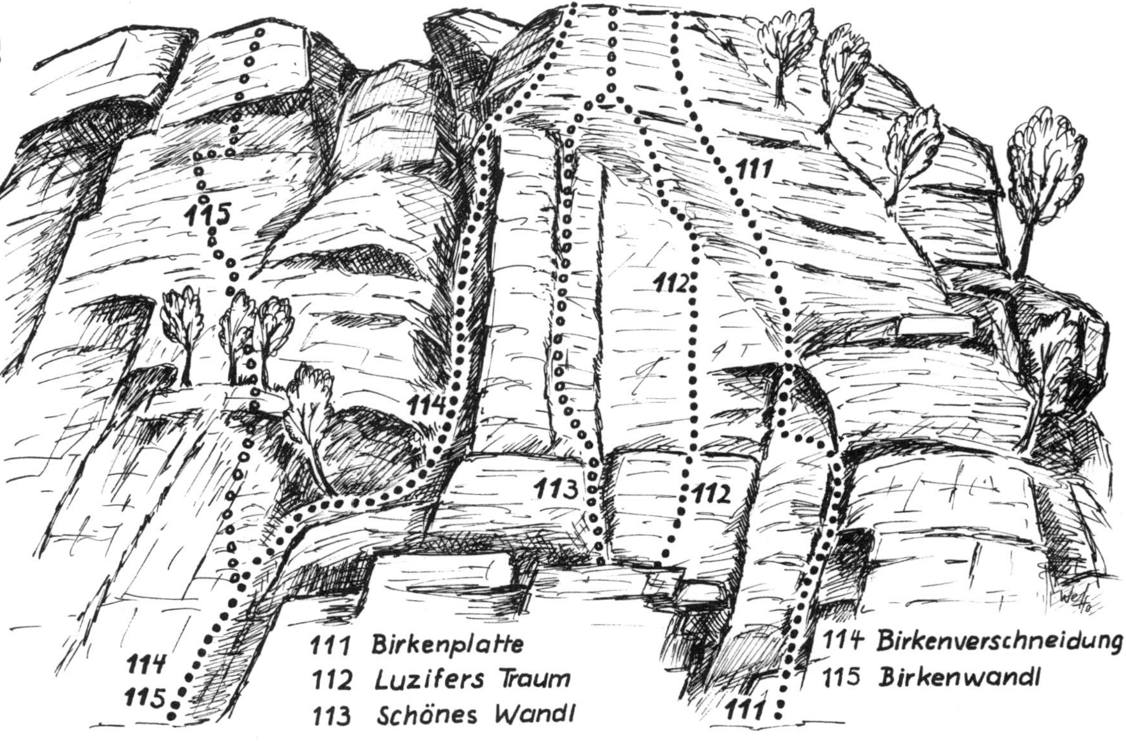
111
112
112
113
114
115
114
115
111
111 Birkenplatte
112 Luzifers Traum
113 Schönes Wandl
114 Birkenverschneidung
115 Birkenwandl

Schönes Wandl

Übersicht: Es befindet sich oberhalb des Predigtstuhles, knapp westlich der Felsentreppen und ist maximal 25 m hoch.

Zu- /Abstieg: Ausschließlich über die Felsentreppen. Der Wandfuß befindet sich an einer Spitzkehre mit Treppenstufen.

R 111: Birkenplatte, III+, 2 H

Kommt man von den Felsentreppen, so fällt im rechten Teil der Südwand eine blockige Verschneidungsrampe auf. Diese 7 m hinauf (H), um dann das schräge Wändchen links ansteigend zu begehen. Variante: Einstieg an Riß knapp links der Rampe.

R 112: Luzifers Traum, VI+, 1 H

Markus Uhl mit Gregor Daul 1981

Das Massiv weist im rechten Teil ein Vorbauplateau mit ebener Plattform auf. Vom rechten Eck dieser Plattform knapp links einer stumpfen Kante in Fallinie eines Bühlerhakens hinauf. Über dem Haken leicht linkshaltend weiter.

R 113: Schönes Wandl, IV+

Von der Vorbauplattform durch den schmalen Rißkamin hinauf. Route ist gut mit größeren Klemmkeilen abzusichern.

R 114: Birkenverschneidung, IV- (Einstieg) sonst III-

Einstieg knapp links des Vorbaus bei Birke an einem seichten Riß. Nach ca. 5 m auf Band nach rechts und in die Kaminverschneidung. Nach dem letzten Baum bei Erikastrauch an der Kante rechts weiter zum Ausstieg.

R 115: Birkenwand, IV+, 1 H

Rolf Gundermann mit Andreas Schäfer 1984

Einstieg wie R 114, jedoch gerade weiter hinauf zu größerem Absatz mit drei Birken. Weiter kurz bei einem Riß, um diesen nach links zu verlassen und über ein Wändchen (H) auf Band unter einem Überhang. Diesen bei einem Riß (Dachunterseite ist brüchig!) überwinden.

Weitere Klettermöglichkeiten:

Links vom Massiv, also westlich die Schlucht hinauf. Oben fällt eine ca. 10 m hohe, abschließende Verschneidung auf. Links dieser das „Traumwandl“ V-. Die Verschneidung, IV-, sowie die beiden Risse rechts davon (je IV-) dienen als gute Übungsrouten, um Klemmkeile legen zu lernen. Nirgends Haken.

Mit „GEFÜHL“ das Gelände begehen, Erosionsschäden verhindern helfen.

Hängende Wände

Übersicht: Es handelt sich um jenes Massiv, das direkt unterhalb, etwas westlicher des „Schönen Wandls" steht. Die Nordseite ist links rötlich und überhängend. Die Ostseite weist ein weit ausladendes Dach auf. Dort am Wandfuß ein großer Stechpalmenbusch.

Zu- /Abstieg: Über die Felsentreppen. Wenn man westlich dieser das charakteristische Dach mit Stechpalme darunter ausgemacht hat, auf sichtbarer Pfadspur dorthin. Saumpfad unter den Felsen. Abstieg über den Normalweg oder über die nordseitige Schlucht (Vorsicht, dort starke Erosionsgefahr) ostwärts.

R 119: Kalte Hand, VI-, 3 H *Thomas Olböter 1985*

Zuerst eine stumpfe Kante an der rötlichen Nordwand hinauf, um später an einer Piazleiste rechts ansteigend einen Absatz zu erreichen. Leicht rechtshaltend weiter bis an eine Kante, um links von dieser über einen Wulst zum Ausstieg zu gelangen.

R 120: Holzkeilriß, VII-, 2 H

Kurt Jägel mit Fritz Borm 1954

Den überhängenden Riß an der rötlichen Nordwand hinauf. In grünlichem Fels an dem Riß weiter zu einer kurzen Verschneidung. An deren Ende linkshaltend hinauf.

R 121: Karlsruher Dach, VIII-, 3 H

Martin Schliessler (damals A 1)ca. 1947

Das Dach wird in seiner Mitte überklettert, eine kurze Verschneidung mit weiterem Dach spreizend weiter und so zum Ausstieg.

R 121 A: Rechte Dachrampe, IV-, (schwer abzusichern)
Hans Laub mit Albert Friedrich 1960

Über die geneigte Platte zur rechten Dachbegrenzung hinauf. Weiter, nordseitig an kurzem Riß, später an der Kante aussteigen. Im oberen Bereich oft schmierig, dann deutlich schwerer.

R 121 B: Linke Dachwand, V-, 1 H
Hans Laub mit Albert Friedrich 1960

Über das Einstiegswändchen an einem Strauch links vorbei zu dem Massivkantensporn links. Bei diesem um die Kante, welche den Weiterweg vermittelt.

R 122: Normalweg, II, (je nach Variante z.T. bis III+)

Eine rampenartige Verschneidung empor, anschließend über blockiges Gelände das spornartige Dach oben rechts umgehen. Ausstieg über kurze Verschneidungen. (Einstieg siehe rechts)

R 123: Kleine Birkenrampe, V+ *Kurt Jägel ca. 1955*

Eine Einstiegsvariante zu R 124. An ganz schmaler abdrängender Rampe mit Birke zu feinem Riß. Dort ganz gerade weiter.

R 124: Zeltplatzkante, IV, 1 H *Gerd Popp 1943*

Einstieg in der Mitte der S-Wand über eine Verschneidungsrampe zu einem dreieckigen Dach (H). Dieses links (schwerer) oder rechts (schöner) umgehen, um dann rechtshaltend einen Absatz mit Block und Birke zu erreichen. Mittels Spreizschritt über einen Wulst und rechts eines feinen Risses zu weiterem Absatz. Nun links der Kante zum Ausstiegsplateau.

R 124 A: Rechter Einstieg, IV, 1 H *Rudi Erb ca. 1956*

Im rechten Bereich der Südwand über eine Rampe zu einem kleinen Dach. Nach diesem (H) an der Kante links zum Absatz mit Block und Birke. (Bild auch Seite 228)

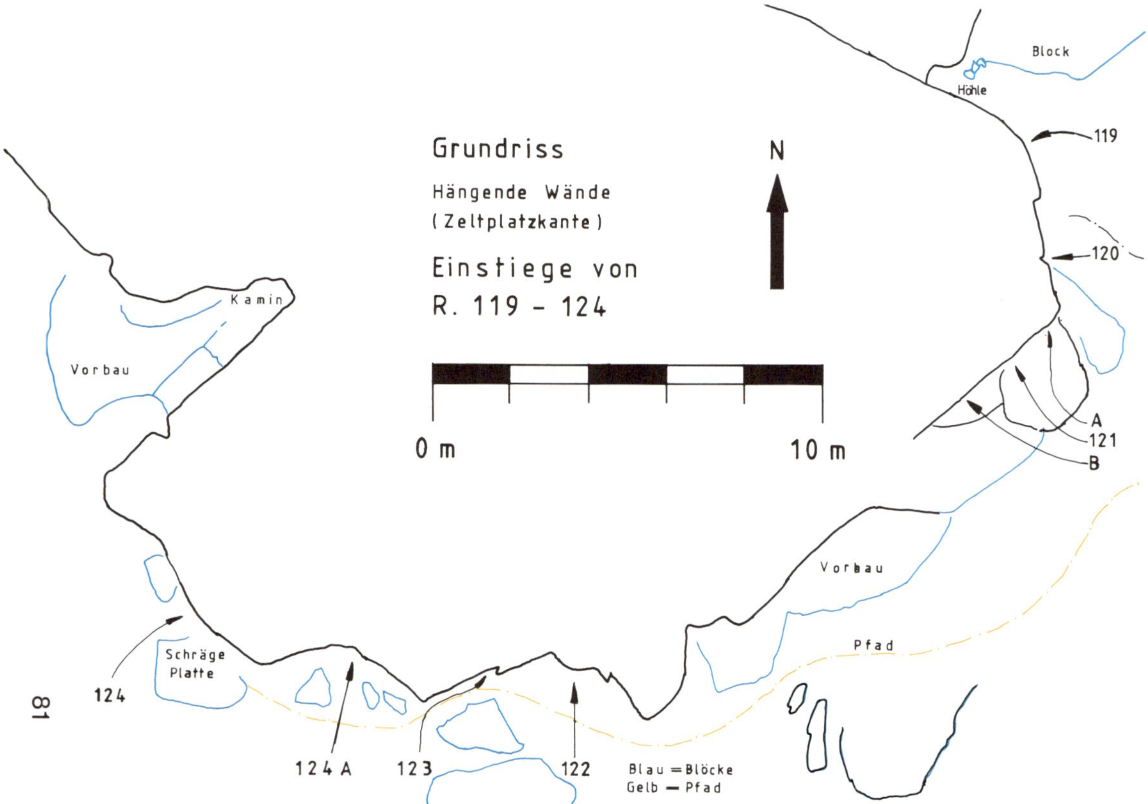

Grundriss
Hängende Wände
(Zeltplatzkante)
Einstiege von
R. 119 - 124
N
0 m
10 m
Block
Höhle
119
120
A
121
B
Kamin
Vorbau
Vorbau
Pfad
Schräge Platte
124
124 A
123
122
Blau = Blöcke
Gelb — Pfad

Geologische Übersicht

Die Battertfelsen über Baden-Baden gehören geographisch gesehen zum Gebiet des Nord-Schwarzwaldes, der geologisch aus zwei Baueinheiten besteht, nämlich dem älteren Grundgebirgssockel und dem jüngeren Deckgebirge. Zu beiden Einheiten zählen jeweils mehrere nach Alter, Entstehung und Beschaffenheit verschiedene Gesteinskomplexe.

Während des Erdaltertums (vor ca. 300 Millionen Jahren) wurden die Gesteine des Grundgebirges von der variskischen Gebirgsbildung erfaßt und deformiert. Hinzu kam noch eine in mehreren Schüben erfolgende magmatische Tätigkeit. Aus diesen Vorgängen entstand beispielsweise das Gestein der Falkenfelsen/Plättig (Granit = Tiefengestein), der Gebiete westlich des Wiedenfels/oberes Bühlertal (Gneis = Umwandlungsgestein) oder der Eckenfels/Oppenau (Porphyr = Ergußgestein).

Unmittelbar auf die verschiedenen variskischen Faltungsphasen setzte eine Abtragung der neu geschaffenen Hochgebiete ein. Aus dem sich in Senken sammelnden Abtragungsmaterial entstanden dann in der Folge die Sedimentgesteine des Karbons und des Rotliegenden.

Da sich die Umgebung Baden-Badens im Jungpaläozoikum abzusenken begann, konnte dieser Bereich besonders gut als Aufnahmegebiet für die herantransportierten Schuttmassen fungieren, aus deren Material auch der Battert besteht. Auch in diese Ablagerungen drangen granitische Schmelzen ein, z. B. der Friesenberggranit beim Alten Schloß westlich des Batterts, und es kam weiterhin zu vulkanischen Deckenergüssen, so dem Porphyr im Bereich um Yberg und Iberst.

Über die von der Erosion geschaffene Rumpffläche des Grundgebirges und seinen mit Abtragungsschutt gefüllten Senken wurden nun im Erdmittelalter (vor ca. 200 Millionen Jahren) die Schichten von Trias und Jura abgelagert und die Reliefunterschiede damit weitgehend ausgeglichen.

Durch die Absenkung des Oberrheingrabens zu Beginn des Tertiärs (vor ca. 60 Millionen Jahren) und der damit verbundenen Aufwölbung der Grabenränder konnte die Erosion erneut angreifen, und es entstand die heutige südwestdeutsche Schichtstufenlandschaft. Reste der mesozoischen Schichten finden wir in unserem Bereich u.a. noch am Merkur (Buntsandstein) oder nordwestlich von Ebersteinburg (Muschelkalk).

Der Battert selbst verdankt seine Entstehung einer Vielzahl von Umständen. Er gehört zu einer von SW nach NO streichenden Hebungszone, dem Battertsattel, welcher ehemals vom Fremersberg über Friesenberg, Neues Schloß, Battert und Ebersteinburg bis hin zum Murgtal zog. Das Material der Felsen besteht aus Konglomeraten, aber auch aus Brekzien und Arkoseschichten (= Sedimentgesteine aus gerundeten bzw. eckigen oder sandigen Komponenten) der Oberrotliegenden. Während die gleichen Sedimente in anderen Bereichen der Badener Senke der Erosion geringen Widerstand entgegensetzten, man denke nur an die gerundeten Formen des unteren Murgtales, stellt der Battert (= Badenhart) einen Härtling dar. Das Gestein verdankt dabei seine Widerständigkeit den im Tertiär an Störungslinien (Battertstörung) aufgedrungenen Wässern und Dämpfen, durch welche die Schichten des Rotliegenden in diesem Gebiet verkieselten. Die meist an Klüften ansetzende Erosion modellierte sodann die Türme, Kanten und Schluchten der heutigen Felsenlandschaft, an deren Hangfuß sich vor allem unter früheren, andersgearteten Klimaverhältnissen Schutthalden aus blockigscherbigem Material angesammelt haben.
Die teilweise bis 60 m hohen Wandfluchten werden nicht von einer einheitlichen Gesteinsschicht gebildet, sondern setzen sich vielmehr aus zahlreichen, nahezu horizontalen Einzellagen zusammen, bei welchen Konglomeratserien überwiegen.

Durch diese Lagerungsverhältnisse ist auch die Entstehung der vielen waagrechten, die Wände durchziehenden Absätze und Bänder zu verstehen.
Unter den Komponenten, die diese groben Konglomerate aufbauen, finden sich Gesteinsbruchstücke der permischen Vulkanite, meist besitzen sie einen violetten oder bräunlichen Farbton, es finden sich verschiedene variskische Granite, teilweise auch Oberkarbon-Arkosen und sogar Gneisanatexite, wobei letztere zu den ältesten uns bekannten Gesteinen gehören. Daneben gibt es stellenweise auch kleinere Quarze, welche Kluftwanderungen und Hohlräume besetzen und oft aus dem sie umgebenden Material herausragen.

Alles in allem stellen diese verkieselten Konglomerate, die in ähnlicher Ausbildung auch die Falkenfelsen bei Herrenalb aufbauen, ein sehr hartes Gestein dar. Im 6. oder 5. Jahrhundert v.Chr. wurden Felsblöcke von der vermutlich keltischen Urbevölkerung dazu benützt, um auf der Höhe des Batterts einen über 1000 Meter langen Ringwall zu errichten, von dem auch heute noch Reste erhalten sind.

Ebenso wurden viel später die Festungen Hohenbaden und Alteberstein aus diesem Material erbaut, und auch noch in neuerer Zeit (19. Jh.) wurde die Widerstandsfähigkeit der Felsen genutzt, indem man die Blöcke der Halden zu Pflastersteinen zerschlug, um mit ihnen zahlreiche Straßen und Plätze in Baden-Baden und Karlsruhe zu pflastern.

Die heutige Bedeutung des Batterts ist allerdings in seinem Wert als hervorragendes Naherholungsziel zu sehen, und das nicht nur für Kletterer. Um dieses Gebiet in seiner Eigenheit zu erhalten, wurden die Felsen bereits Mitte der fünfziger Jahre zum Landschaftsschutz- und 1981 zum Naturschutzgebiet erklärt.

Baden-Baden, im Februar 1985 *Hans Jürgen Reiter*

Villa Steig Massiv

Übersicht: Es ist das erste größere Massiv östlich der „Badener Wand". Charakteristisch für dieses Massiv ist eine ca. 70 ° geneigte, glatte Wand, das „Durlacher Wandl". Rechts unterhalb dieser lehnt sich der „Schiefe Turm" an das Massiv an. Von der Falkenwand kann man das Massiv nicht ausmachen.

Zu- / Abstieg: Über oberen Felsenweg auf die Felsentreppen abzweigend. Noch im ebenen Gelände und kurz bevor die Felsentreppen 90° nach links leiten, rechts auf Pfadspur weiter. Diese leitet, geradeaus verfolgt, unweigerlich zum Massiv, sowie zum Wandfuß westseitig. Dort in letzter Zeit verstärkte Bodenerosion, daher besser auf Gipfelplateau steigen, (2 kleine Schluchten überklettern). Bei auffälligem Gipfelblock Abseilkette.

R 125: Stechpalmkante, III+, 1 H

An der Kante außen, links der geneigten Südwestwand („Durlacher Wandl") hinauf. Einstieg bei dicker Fichte, dort eine Rampe zu einem Überhang (H) hinauf. Diesen links (brüchig aber leichter) oder rechts umgehen und zum Podest. Über wulstiges Wändchen links der Kante zum Ausstieg. Man kann auch vom Podest direkt das überhängende Wändchen (IV+) ersteigen.

R 126: Stechpalmriß, VIII- / VI-AO, 2 H

Emil Schwebe mit Gerd Link 1953

Gleich links des „Durlacher Wandls" zieht hinter dem Stechpalmbusch ein überhängender Riß zu einem Baum empor. Dort hinauf, nach dem Baum beliebig weiter. Ausspreizen nach rechts vermindert die Schwierigkeit entscheidend.

Anstiege über das „Durlacher Wandl”

Routenverlauf siehe Bild rechts. Die Wand wurde bereits auf jedem Quadratmeter begangen, die folgende Aufstellung zeigt Touren auf, die von den Schwierigkeiten weitgehend homogen sind.

R 127: Durlacher Wandl, V / V-AO, 2 H (= Originalweg)

Emil Schwebe

R 127 A: Alte Durlacher Wand, IV, 1 H *Emil Schwebe*

Man kann Klemmkeile und an Bäumen Schlingen legen.

R 127 B: Direktvariante, V+, 1 H

R 127 C: Kiefernweg, IV-, 1 H *Emil Schwebe*

R 127 D: Steig zur Villa, II

Ganz links eine blockige Rinne hinauf. Man gelangt so zu einem Platz, der früher oft als Biwakplatz genutzt wurde, damals scherzhaft die „Villa Steig“ genannt. So kam das ganze Massiv zu seinem noch heute gebräuchlichen Namen.

R 128: Höhlenweg, IV, 2 H

Klaus Münzer mit Werner Kübler 1963

Unterhalb des „Durlacher Wandls” bei dicker Eiche in eine Art Höhle. Gegenüber eines weiteren Höhlenspaltes ca. 5 m abdrängend zu einem Band hoch (H). Rechts einer Kante (H) an einem Piazriß weiter zu einem Absatz rechts oben. Hier endet die Route. Der Weiterweg an der Kante links (keine Haken) wird selten begangen. V+, kaum abzusichern, brüchig.

B
A
D
C
127

Turm des Übermuts

Übersicht: Er befindet sich direkt am unteren Felsenweg, etwas östlich der Wegkreuzung unter der mächtigen „Badener Wand".

Zu- / Abstieg: Ausschließlich über unteren Felsenweg. Beim Abstieg östlich um den Gipfel queren und dort zurück zum Weg.

R 130: Riß des Übermuts, IV- (teils brüchig)

An der Südostseite einen Riß zum Absatz hinauf, weiter bei der anschließenden Verschneidung, später linkshaltend zur Kante.

R 131: Weg des Übermuts, V-, 3 H

Thomas Stephan mit Ekkehard Herbst 1975

Durch Linksquerung unter dem Dach erreicht man die talseitige Südkante, über welche der Turm erstiegen wird.

R 132: Schaltjahrwandel, VII- / VIAO, 4 H

Meder 1980

Knapp links der talseitigen Südkante über kompakte Wand hinauf.

R 133: Pfälzer Kamin, IV+ (auch Name „Schluf" geläufig)

Hans Laub mit Albert Friedrich 1962

Durch den auffallenden Rißkamin an der Westseite zum Gipfel.

R 134: Wo bin ich?, IV-,

(eigentlich, man braucht aber ein großes Herz)

Rudi Ratlos und Ronald Rakete am 29.2.1987

Großzügiger Felsanstieg an dem imponierenden Nordgrat. Eingeschworene Fans bewerten den Anstieg weit schöner als

„Eine Seilschaft am Weg des Übermuts" ▶

131
130

die Schleierkante der Dolomiten oder der „Salbit"-Grate der Urner Alpen. Viele Sanduhren ermöglichen eine perfekte Absicherung. Amigos, Bi-caps, Bi-coins, Copper Heads, Talking Heads, Copper Nuts, Corn Flakes, Friends, Jokers, Pentanuts, Rock'n Roller, RP's, LP's, Slider Nuts, Peanuts, Sliders, Tri-Cam chocks, Quattro-Cam chocks, Turners, Cockers, Wallnuts und ähnlich moderner Schnick-Schnack braucht nicht mitgeführt werden. Ein Sortiment Sanduhrschlingen (ø 3, 5, 7, 8 und 9 mm) in verschiedenen Längen sowie einige Bandschlingen reichen gänzlich.
Einstieg spreizend zwischen den beiden 2,5 m voneinander entfernt stehenden Vortürmen. Nach 9 m am rechten Turm weiter, erst eine federnde und knarrende Piazschuppe greifend. Hinauf über den aalglatten, aber reichlich Reibung bietenden „Kohlrücken" zu birnenförmigem Köpfel. (Hier Zwischensicherung bei einer vorstehenden Nase einfädeln). Sprung zur hier messerscharfen Nordkante des Hauptturmes. Im Reitersitz 6 m an der Gratschneide empor. Die linke Körperhälfte gelangt so in einen sich nach oben hin verjüngenden Körperriß (tief innen verkeilte Blöcke für Zwischensicherung). Weiter in eleganter Bandwurmtechnik 32,5 m empor. Bei Hornissennest oben weitere Sanduhrschlingen fädeln (ø 3 und 5 mm, je 1,5 m lang), um die folgende Rechtsquerung abzusichern. Das abdrängende Kriechband (etwas abschüssig) zur Kante zurück verfolgen, die nach wie vor sehr scharf ist, sich aber nun deutlich zurücklegt. Auf ihr jonglierend (Vorsicht bei Ostwind, dieser oft böig) in weiteren 12 m zum Gipfel. Sanduhren nur links der Kante fädeln, um bei Sturz Seilriß zu vermeiden. Achtung: Starker Seilzug!

Liedgut der Bergsteiger

Bergsteigerlieder fanden damals deutlich mehr Zuspruch, boten sie doch die Chance, des Kletterers Kehle zu stärken, auf daß er in der Lage war, bei Wind und Wetter verständliche Seilkommandos (oder Flüche) von sich zu geben. Auch stellten die geträllerten Lieder einen Ausdruck von – ? – ja von „Lebensfreude" dar.

Heute überwiegt die moderne Sachlichkeit, eventuell eine Folge der Verwässerung des Volkes der kletternden „Urbayern"

mit dem Rest der Welt, wie Nord-, Ost-, Süd-und Westpreußen, kurz, allen Bewohnern dieser Erde.

Eventuell gibt es aber auch in heutigen Kletterkreisen einige, die das Zäpfchen im Halse zum Zucken bringen wollen. Ich schätze mich glücklich, denen, welche von der Muse geküßt wurden (es soll mitunter wirklich solche Fälle geben), einen

modernen „Bergsong" hier und jetzt präsentieren zu können. Den Text spielte mir der in Kennerkreisen als „Long Hopeman" bekannte Barde zu. Die Melodie ging leider in den Tiefen der Gehirnwindungen verloren. Sicher ist nur, daß der „Song" in den Staaten handelt. Kreiert wurde er von einem gewissen – äh, –, ich glaube „Reinhold Mayssner" oder so ähnlich. Na ja, auf jeden Fall ist für die individuelle Vertonung alles da, wie etwa Noten, Zeilen, ...

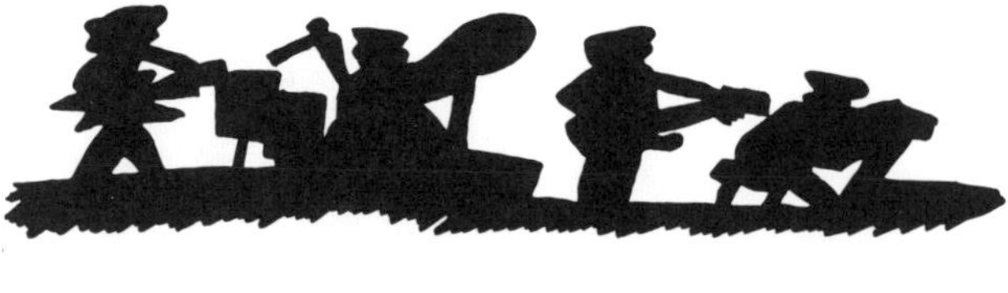

1. Strophe:

Grad 5.12, Seillänge drei
bis hierher hab ich gefroren.
Wie ein Pfeil fliegt er vorbei
und es dröhnt in meinen Ohren.
Und mein ganzer Körper bebt,
wie ein Adler stößt er nieder,
wenn er losläßt und er schwebt
am Standplatz vorüber.

Refrain: Über dem Haken muß die Freiheit wohl grenzenlos sein, alle Ängste, alle Sorgen, sagt man, blieben darunter verboren, und dann, würde was uns groß und wichtig erscheint, plötzlich nichtig und klein.

2. Strophe:

Ich seh ihm noch lange nach,
diese Wand wollt er erklimmen,
seh sein' Schatten nach und nach,
tief im Abgrunde verschwimmen.
Meine Augen gaben schon
jenen winz'gen Punkt verloren,
nur von fern klingt monoton
sein Geschrei in meinen Ohren.

Refrain: Über dem Haken ...

3. Strophe:

Dann ist alles still, ich steh'
frierend hier, trotz meiner Jacke,
wünsch mir sehnlichst nen Kaffee
und ich denk – „au, au Backe!"
In den Seilen hängt er dann,
zitternd, da er ja geflogen
und auf einmal denk' ich dann,
ich wär gern mitgeflogen ...

Refrain: Über dem Haken ...

Die Badener Wand

Übersicht: Es handelt sich um die 80 m breite und 50 m hohe freistehende, mächtige Wandflucht, dem letzten Felsmassiv des Hauptklettergebietes westlich, in Richtung zum „Alten Schloß". Grundriß auf Doppelseite 100/101.

Zu- /Abstieg: Über den **oberen Felsenweg,** bei der „oberen Batterthütte" südlich abzweigen zu den „Felsenbrücken". Am südwestlichen Eck des Gipfelplateaus ist an der Kante ein Abseilhaken (2 x 22 m, Sicherungsschlinge für 2., gelb markierten Haken bereit halten). So der Zustieg zu den Routen 135 bis 144. Für die anderen Routen: Abseilstelle 2 x 20 m an der SW-Kante des „Engländertürmchens" (leicht linkshaltend abseilen, um 2., gelb markierten H zu erreichen. Achtung: Auf andere Kletterer achten, Steinschlag vemeiden). Oder auch: Abstieg über den „Kuhweg" (R 162).

Engländertürmchen: Keck abstehendes Türmchen bei einem Band im oberen südöstlichen Massivbereich. Der Legende nach wettete ein Engländer im 19. Jahrhundert, den Gipfel durch Sprung und mit 2 kleinen Hunden unter den Armen vom Gipfelplateau zu erreichen.
Die Wette gewann er, sein Leben ...

Das **Geröllfeld** unterhalb der Badener Wand ist von der Naturschützbehörde für jegliche Begehung **gesperrt.**

R 135: Badener Westrisse *Hans Laub / Fred Frey 1956*

Links der oberen westlichen Massivkante leiten einige kurze Risse zum Plateau hinauf. Ihrer Kürze wegen unbedeutend.

R 136: Alpines Band, II, 2 H

Einstieg beim Podest mit Eiche etwa 10 m unterhalb des Gipfelplateaus bei westl. Massivkante. Etwas absteigend nach rechts zu H queren, weiter waagrecht nach rechts zu breitem Band. Dieses verfolgen und beim Kamin unter der Brücke nach oben zum Ausstieg.

◀ *„Die Felsenbrücke auf der Badener Wand mit Merkur"*

R 137: Poppkante, VI-, 1 H

Gerd Popp mit Karl Heinz Matthies ca. 1951

Anstieg an der senkrechten westlichen Massivkante. Von einem Podest mit Eiche 2 m nach rechts, nun (H) direkt empor.

R 138: Oldieweg, V-, 1 H (unten brüchig, teils flechtig)

Einstieg beim Block am Wandfuß, direkt unter der westl. Massivkante. Einen Pfeiler ersteigen, dann leicht linkshaltend über Risse und Platten zum Podest, wo die westl. Massivkante ansetzt.

R 139: Badener Dach, VII / VA1, 6 H

Karl Gottmann / Emil Schwebe 1951

Einstieg etwas links der Verschneidung direkt unter dem mächtigen Dach. Dieses den Haken folgend überklettern.

R 140: Badener Verschneidung, IV-, 3 H *vor 1928*

Die Verschneidung rechts des Badener Daches (R 139) hinauf bis zu einem Absatz rechts, in Höhe des Daches. Nun geradeaus, später etwas links haltend über Wandstufen zum Gipfel. Beim Einstieg grasig, oben etwas flechtig.

R 141: Die Widmung, VII-, 4 H *Wolfram Tauer 1981*

Nach wenigen Metern aus der Verschneidung unten (R 140) nach rechts queren, um an der dort vorspringenden Kante, meist knapp links dieser, hinaufzusteigen.

Das Geröllfeld unterhalb der Badener Wand ist für jegliche Begehung gesperrt!

Badener Wand von Südwesten.
Rechts oben: Das Engländertürmchen“ ▶

Abseilweg
137
138
139
140
141
A
142
A
B
143
144
Engländer
türmche
m
Abseilwe

R 142: Buschverschneidung, V+ / IVAO, 5 H

Werner Kübler mit Herbert Rupp 1966

Der 1. Haken (= Bühler) wird von links kommend erreicht. Danach eine Kante, später eine Rampe hinauf. Am Ende dieser gerade über Wulst weiter, oder auch links ausquerend zu gestuftem Gelände und dort auf ein Band. Ausstieg an schmalem Riß in kompaktem Wändchen über dem Standhaken.

R 142 A: Kanteneinstieg, VI-,

Ulrich Dirr 1985

Die schiffsbugartige Kante am Einstieg direkt hinauf.

R 142 B: Buschwändel, IV-,

Hans Laub mit Albert Friedrich 1966

Man gelangt zum Beginn der Rampe (R 142) rechts der Kante einsteigend über ein Wändchen mit runden Querwülsten.

R 143: Brotlaibwandl, V+, 3 H (teilweise brüchig)

Hans Laub mit Albert Friedrich 1966

Erst weitgehend beliebig über die von unten nicht besonders schwer aussehende Wand hinauf. Oben etwas links haltend an einem Riß empor, der auf R 142 leitet. Diese weiter.

R 143 A: Buschplatte, VII, 1 H ???

Die logische Verlängerung der R 143. Bei H leicht linkshaltend weiter.

R 144: Unbekannter Weg

(auch Alte Verschneidung genannt) **V+, 2 H**

Hans Laub mit Albert Friedrich 1966

Einstieg über gestuftes Gelände zu einem Riß. Von diesem in eine Verschneidung etwas weiter links. Oben lockere Blöcke.

R 145: Plattenwand, III+, 1 H (+ 1 Standhaken)

Karl Gottmann ca. 1949

Einstieg knapp links der Kante bei einer Eiche. Über plattiges Wändchen zu Haken (alt!). Nun gerade hinauf (rechts leichter) zu großem Band. Dort nach rechts zum Standhaken bei einem großen Pfeiler. Links von diesem durch Kamin zur Brücke hinauf.

R 145 A: Direkteinstieg, III, (teils brüchig)

Beim Wandfuß ganz unten an blockiger Verschneidung, später links haltend zum eigentlichen Einstiegsband empor.

R 145 B: Botanikrinne, stech- rutsch V

Wer's mag und kein Herz für die Natur hat, ersteigt die blockige Verschneidung bei der Eiche.

R 146: Kanzelweg, VI- / V+AO, 6 H

Werner Kübler mit Jürgen Oertel 1962

Von einem Turm startend nach ca. 2 m um die Kante links queren und über Wulst zu größerem Absatz (Standhaken). Über das etwas geneigte kleingriffige Wändchen zum Gipfelplateau.

R 147: Negerpimmel, VI, 2 H

Bernd Kullmann mit Michael Hummel 1980

Einstieg bei einem Turm an Piazschwarte, die sich unmittelbar links einer Verschneidung (R 148 = Eckanstieg) befindet und leicht nach rechts geneigt ist. Diese hinauf zu Absatz und an einem Riß weiter. An dessen Ende rechts an Piazschuppe weiter.

R 147 A: Kantenausstieg, VI- *Rolf Gundermann 1980*

Defensive meiden die dubiosen Schuppen rechts, zugunsten der Kante links. Genau an dieser (luftig aber fester) hinauf.

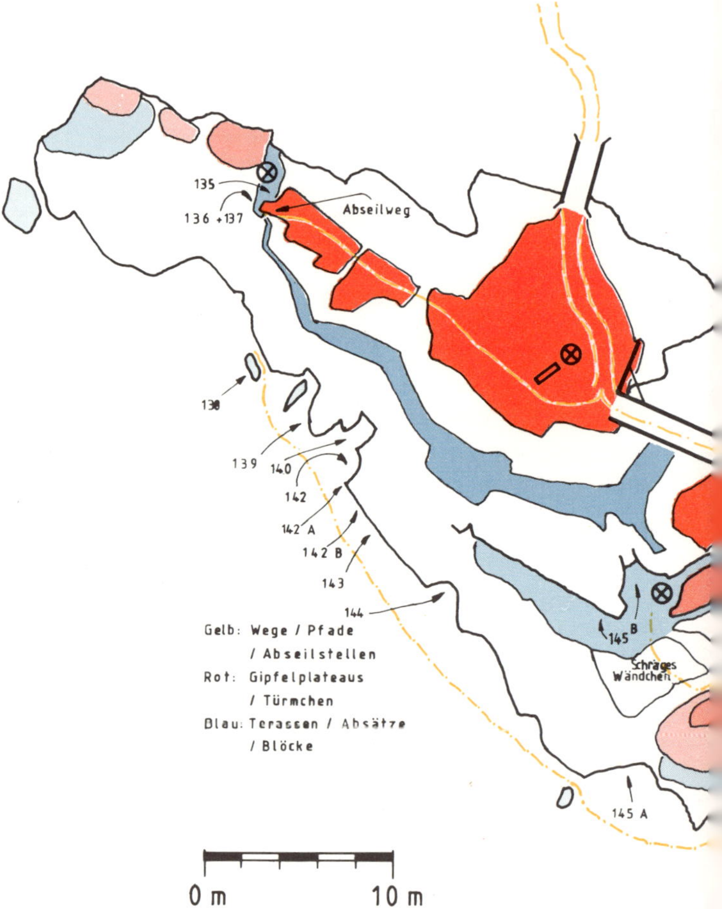
135
136 +137
Abseilweg
138
139
140
142
142 A
142 B
143
144
145
B
Schräges
Wändchen
145 A
Gelb: Wege / Pfade
/ Abseilstellen
Rot: Gipfelplateaus
/ Türmchen
Blau: Terassen / Absätze
/ Blöcke
0 m
10 m

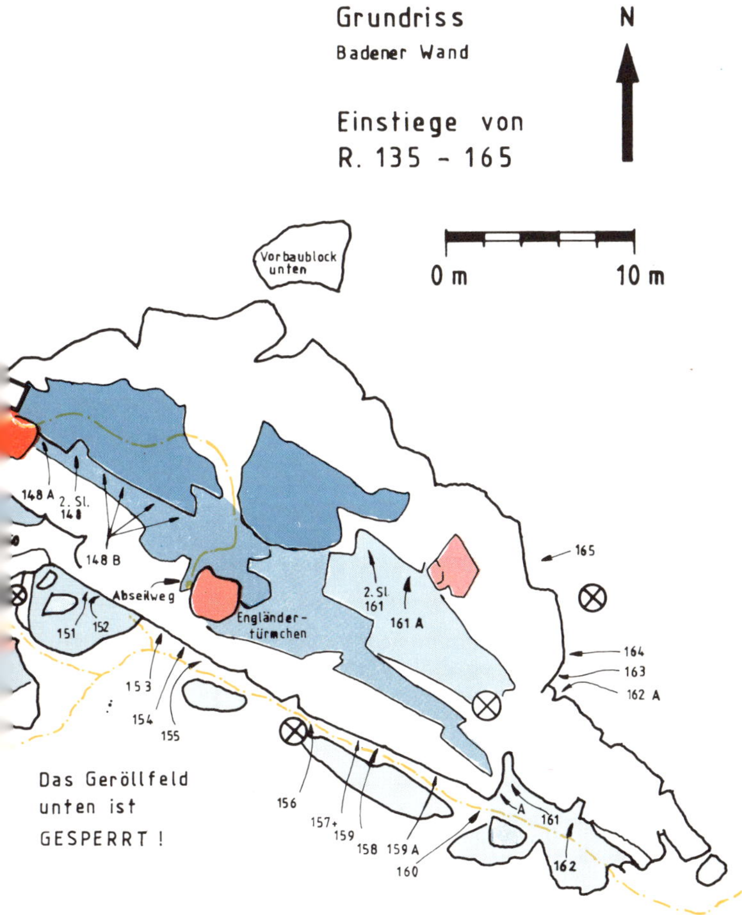
Grundriss
Badener Wand
Einstiege von
R. 135 - 165
N
0 m
10 m
Vorbaublock unten
148 A
2. Sl. 148
148 B
Abseilweg
151
152
153
154
155
Engländer-türmchen
2. Sl. 161
161 A
165
164
163
162 A
156
157+159
158
159 A
160
A
161
162
Das Geröllfeld unten ist GESPERRT !

R 148: Eckanstieg, IV-, 1 H (auf Band oben) *vor 1926*

Die große Verschneidung bei dem Türmchen linkshaltend ca. 5 m hinauf. Nach rechts und unter kleines Dach, das links umgangen wird. Dort zu großem Band. In der Rißverschneidung über dem Bühlerhaken weiter. Variante: Von unten dem Riß folgend direkt unter das kleine Dach, welches dann rechts umgangen wird (als „Neuer Eckanstieg" bekannt).

R 148 A: Linker Ausstieg, IV (Klemmkeile)

Die rechtwinklige Verschneidung am Ende des Querbandes links.

R 148 B: Bandausstiege. Rechts des Eckanstieges über das Wändchen aussteigen. 1. Riß von links = Maiwändel, V, 2. Riß von links = Delikatessenwändel, V-, 1 H, 3. Riß von links IV+, Südostecke IV+.

R 149: Weg der neuen Generation, VII, 2 H

Lothar Hofmann mit Markus Uhl 1979

Direkt über dem Stand beim Türmchen zieht ein sehr feiner Riß durch die ansonsten glatte Wand rechts des Eckanstieges (R 148). Direkt zu diesem Riß (Rechtsschlaufe leichter) und an ihm hinauf. Danach durch die Mitte eines wulstigen Wändchens zum Band.

R 150: Spötterdämmerung, VI-, 1 H (Klemmkeile)

Lothar Hofmann mit Christian Horn 1982

Rechts der R 149. Vom Stand ca. 4 m leicht ansteigend nach rechts queren, um dort an seichten Rissen anzusteigen. Am Ende dieser geradeaus weiter.

R 151: Arlborgriß, IV- (unten gleich 1 x IV)
(früherer Name: Eichenriß)

Hans Laub mit Albert Friedrich 1960

Vom Einstiegsblock direkt über große Felsquader zu einem Riß mit Eiche und dort weiter zu einer Gufel. Nun auf dem Band nach rechts und an kurzer Verschneidung zum Ausstieg.

R 151 A: Verschneidungsausstieg, V-

Links der Gufel an abdrängender Verschneidung weiter.

R 151 B: Pfeilerausstieg, V, (brüchig)

Rolf Gundermann mit Erhard Prokoph 1974

Den Pfeiler direkt rechts der Gufel ersteigen.

R 152: Neuer Brigantenweg, V-, 3 H (Klemmkeile)

Gerd Popp mit Martin Schliessler 1943

Vom Einstiegspodest eine Rampe schräg rechts hinauf (2 H, beim obersten handelt es sich um gelben Abseilhaken, wegen Seilzug **nicht** einhängen). 1 m unter dem gelben H. nach rechts zu weiterem Bühlerhaken beim Riß queren und dort zu weiterem Absatz rechts empor. An dem Wändchen darüber links ansteigend in Ausstiegsverschneidung queren. Variante: Gerd Popp stieg mit Werner Lang vom Absatz oben direkt zum Engländertürmchen weiter, was aber kühn und deutlich schwerer ist (VI).

R 153: Alter Brigantenweg, VI, 4 H

Walter Endres 1938

(die Route wurde vor! dem leichteren neuen Brigantenweg geklettert)

Einstieg an wulstigem Riß, bei dessen Ende (H) 2 m nach rechts und nun weiter immer gerade über z.T. splittrige Wand empor.

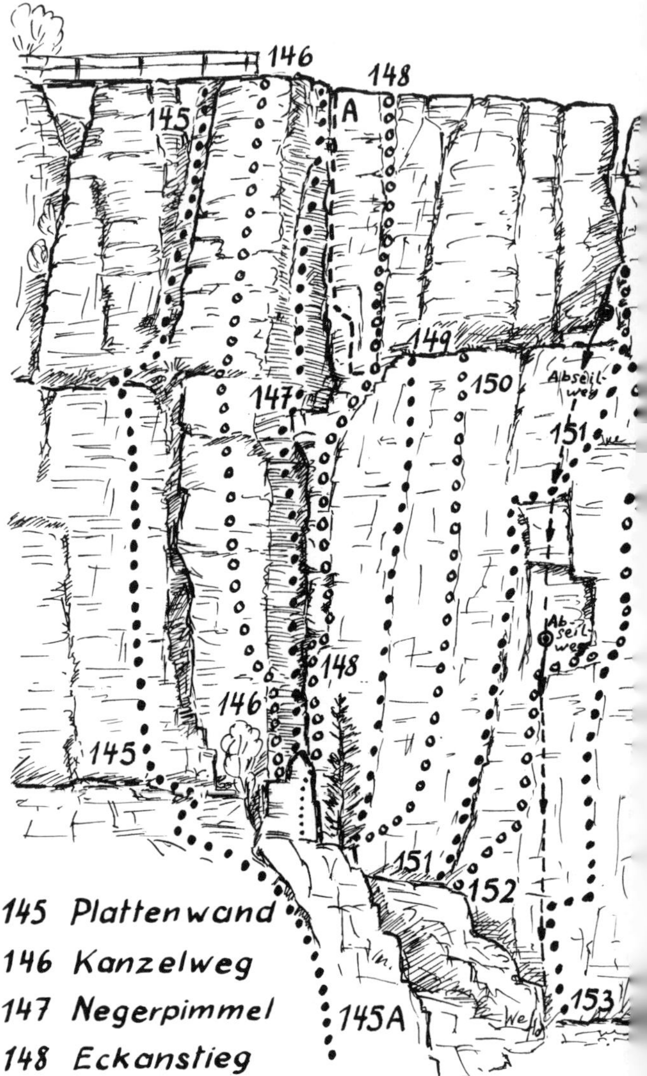

145 Plattenwand

146 Kanzelweg

147 Negerpimmel

148 Eckanstieg

149 Weg der neuen Generation

BADENER WAND

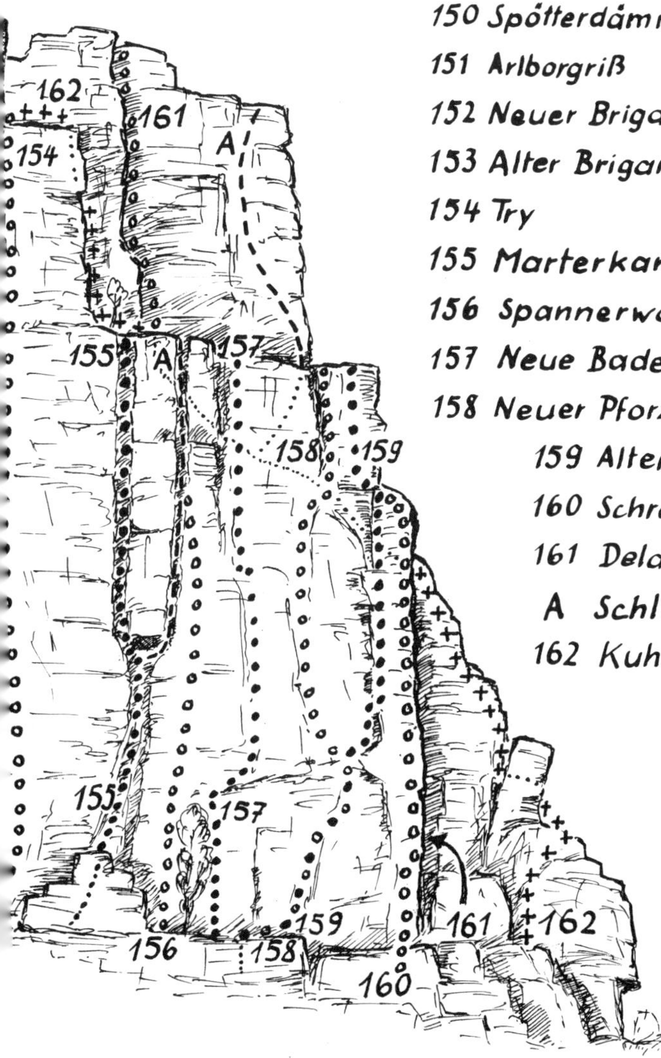

150 Spötterdämmerung
151 Arlborgriß
152 Neuer Brigantenweg
153 Alter Brigantenweg
154 Try
155 Marterkamin
156 Spannerwandl
157 Neue Badener
158 Neuer Pforzheimer
159 Alter "
160 Schreckkante
161 Delago
A Schliessler
162 Kuhweg

R 154: Try (just a little bit harder) VII, 4 H ???

Die Route leitet links des Marterkamines (R 155) und in Fallinie des Engländertürmchens hinauf. Oben sehr brüchig.

R 155: Marterkamin, V-, 2 H

Anstieg durch den Kamin, der sich in Wandmitte Y-artig verzweigt. Einstieg bei großem Felsklotz, um über weiten Kamin zu einer Nische (H) zu gelangen. Links an abdrängendem Riß (H) weiter.

R 155 A: Rechter Ast, IV+, 2 H

Bei der Nische Querung auf breiter Fußleiste nach rechts, dort am Riß, später in einer Verschneidung geradeaus weiter.

R 156: Spannerwandl, VI+, 1 H (sehr kühn abgesichert!)

Michael Hummel mit Bernd Kullmann 1980

Der Anstieg verläuft direkt rechts der R 155 A durch die glatte Wand. Die Route stößt erst ganz oben auf den Kaminast. Variante: Den Kaminast ignorieren und rechts davon über glattes, abdrängendes Wändchen weiter (VII+).

R 157: Neue Badener Wand, VI+ / V+AO, 8 H

Erich Eisler mit Erwin Metzger 1960

An wulstigem Riß zu einem Band. Etwas weiter rechts an feinem Riß (mehrere H) weiter, um diesen oben nach links (Bühlerhaken) zu verlassen. Dort senkrecht weitersteigen.

Geröllfeld unten = gesperrt!

R 158: Neuer Pforzheimer Weg, VI / V + A1, 5 H

Walter Stößer mit Fritz Schütt 1929

Einstieg bei einer Gasse, die durch länglichen Vorbaublock mit der Wand gebildet wird. Rechts eines Risses über glattes Wändchen mit Fingerloch 4 m hinauf, am Riß rechts weiter zum Absatz (H). Nun leicht links haltend weiter an feinen Rissen (3 H) zu einer Kanzel. An der Verschneidung zum Ausstieg.

R 159: Alter Pforzheimer Weg, IV+, 2 H (Ausstieg V-)

Walter Stößer, solo! 1929

(Hangelquergang: Walter Stößer mit Fritz Schütt 1929)

Bei einer Gasse (siehe R 158) am Riß wenige Meter hinauf und auf Band nach rechts zu weiterem Riß, der zu einem Absatz (H) leitet. Dort an Verschneidung, später rechts dieser zu weiterem Absatz (H, bis hierher IV+). Original die Piazverschneidung zur Kanzel hoch, dort Hangelquerung nach links und über Wändchen zum Ausstieg. Nervenschwache kneifen und steigen vom Absatz die rechte Kante zum Podest hoch, wo sie die Tour rechts ausquerend verlassen (dann nur IV-).

R 159 A: Petzlpopler, VII 1 H (1 m zu tief gebohrt)? ? ?

Zum Absatz mit Haken direkt hinauf, den Petzlhaken überkletternd. Achtung! Schlüsselstelle sehr weit oben. (Bild S. 208)

R 160: Schreckkante, VII / VIAO, 6 H

Karl Gottmann mit Erich Friedmann 1950

Anstieg an der senkrechten, südöstlichen Massivkante. Zuerst links, später knapp rechts dieser hinauf.

R 160 A: Ronja Räubertochter, VII+

Ulrich Dirr mit Steffen Schlönvogt 1986

Einstiegsvariante an feinem Riß knapp rechts der Kante.

R 161: Delagokamin, IV, 2 H *Höpfner um 1890*

Der Ostgrat und die senkrechte Südostkante bilden zusammen eine tiefe Rißverschneidung. Diese hinauf. **Bei 1. H. nach links** ausweichen und spreizend zu einem großen Kessel (Stand). Weiter durch die auffallend glatte Verschneidung oben rechts.

R 161 A: Schliesslerkante, V+, 1 H *Martin Schliessler*

Aus dem großen Kessel erst an der Kante, später an einem Klemmriß der rechten Verschneidungswand empor (Bild Seite 230).

R 162: Kuhweg, II, 1 H

Anstieg über den gestuften Ostgrat. Einstieg knapp östlich des 1. Grattürmchens am Riß, um das Türmchen zu ersteigen. Spreizschritt zum geneigten Gratrücken (rechts H) und über diesen zum großen Kessel. Oben links an ca. 4 m hoher Verschneidung zu einer Terrasse. An deren Ende durch einen Kamin aussteigen. Die Verschneidung rechts vom Kamin: III.

R 162 A: Nordverschneidung, III-

Nordostseitig in auffälliger und rechtwinkliger Verschneidung direkt zum großen Kessel hoch.

R 163: Maßstäbe, IX-, 4 H ???

Einstieg knapp rechts der rechtwinkligen Nordostverschneidung, immer gerade hinauf zu einem turmartigen Absatz (bis hier: VII, 2 H). Weiter den überhängenden Ostpfeiler hinauf.

„Ostansicht der Badener Wand mit Kuhweg“ ▶

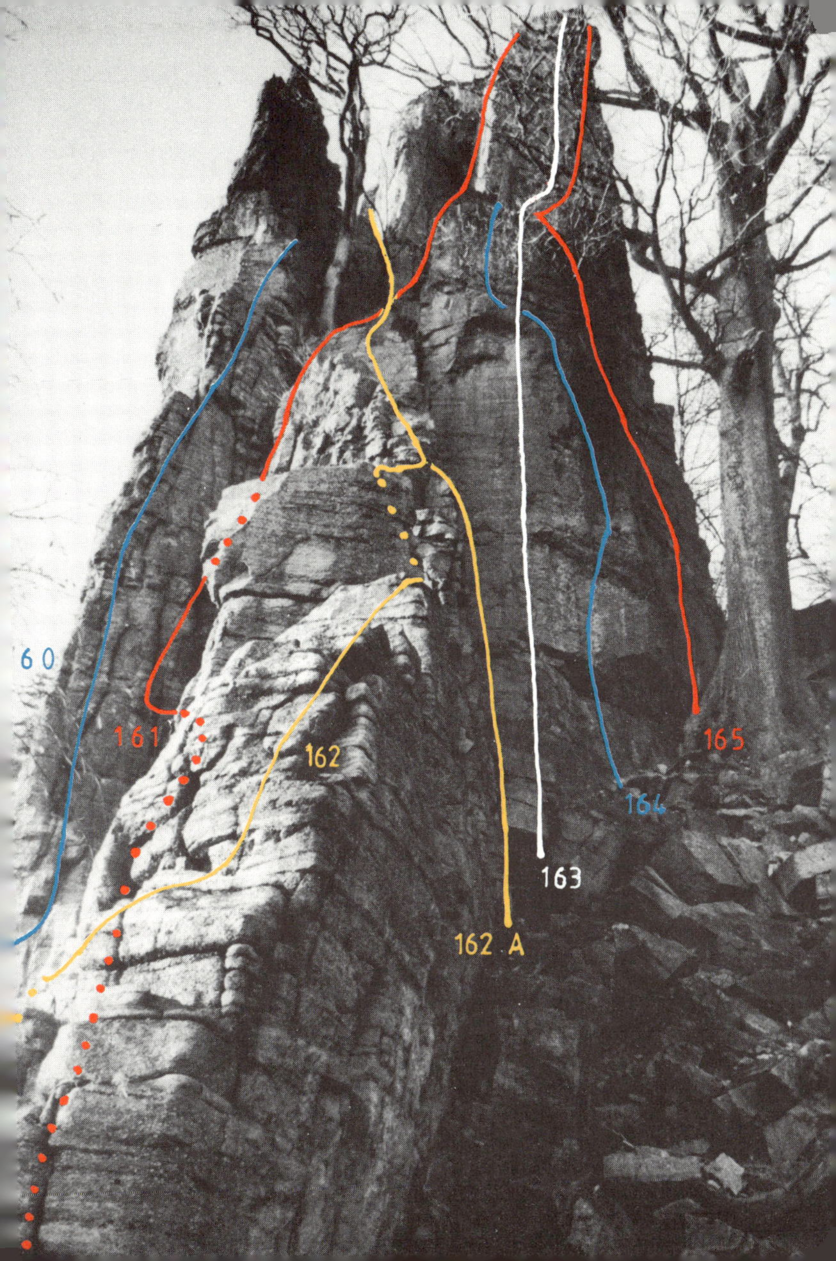

60
161
162
162 A
163
164
165

R 164: Esel Streck Dich, VII- / V+AO, 4 H

Lothar Hofmann mit Markus Uhl 1979

Rechts der rechtwinkligen Nordostverschneidung mittels Untergriff über kleines Dach und zu 1. H. Weiter, leicht rechts haltend, zu kleinem Absatz. Bei 3. H nach links und an einer stumpfen Kante (H) empor zu einem turmartigen Absatz.

R 165: Konkurrenzweg, VI / V+AO, 6 H

Werner Kübler mit Herbert Rupp 1963

Einstieg in grünlicher Nordostwand rechts eines großen Baumes. Die gestufte Wand zum turmartigen Absatz ersteigen. Von dort die Rißverschneidung rechts weiter.

a: Griff zu groß → langweilig !

b: Mit Griffgrößenbegrenzer → eine Herausforderung !

Teile: 1. Fingerlaschen
2. Verstellschraube
3. Begrenzungsplatte

KLETTERUNFALL

–

WAS TUN ?

A **Sofortmaßnahmen der Kletterkameraden**

B **Hilferuf:**

Wochentage: 0 72 23/2 22 22

Bergwacht und Rettungswagen anfordern

Wochenende: Bergwachthütte alarmieren (Falkenwandplateau) (lautes Rufen)

C **Einsatz von Bergwacht**

zur Bergung und Rettung aus unwegsamem Gelände und Wänden.
Einsatz von Notarzt, Rettungswagen/ Hubschrauber.

D **Abtransport in Klinik**

Störungen der Vitalfunktionen (vor allem Atmung, Kreislauf und Bewußtsein) entwickeln sich innerhalb weniger Minuten und bewirken schlagartig **akute Lebensgefahr.**

Darum bei Unfall nach Flußdiagramm vorgehen!

Bitte umblättern ▶

zu A

Sofortmaßnahmen

→ **Sicherung des Verunglückten**

→ **Vorsicht bei Steinschlag**

→ **Vorgehen nach Checkliste**

Patient bewußtlos?

ja

Gefahr = Ersticken und
Herz-Kreislauf-Stillstand

▼

Atemstillstand

▼

nein

nein

1.) Sicherung freier Atemwege
2.) Schockbekämpfung
Blutstillung (Verbände)
Schutz vor Wärmeverlust
(Rettungsdecke)
Schmerzverhütung

ja

Kopf überstrecken

Atmung setzt ein?

ja → stabile Seitenlage

nein

Künstliche Beatmung vornehmen

Kein Alkohol/Nikotin
eventuell Schocklage
(Beine hoch)
psychologische Betreuung

3.) Bei Verdacht auf Wirbelsäulenverletzung:
(Lähmungserscheinung, Druckschmerz im Wirbelbereich, fehlendes Gefühl in den Extremitäten)

Kein unnötiger Lagerungswechsel

Die Atemspende:

Mund zu Nase oder Mund zu Mund.
Kopf überstrecken, fixieren (Hand an der Stirn, andere Hand am Kinn)
Luft kräftig einblasen
Bei Mund zu Nase Beatmung: Mund zuhalten
Frequenz 16—18 mal pro Minute
Beobachtung des Beatmungserfolges
(Heben und Senken des Brustkorbes)

zu B

Hilferuf

Am Wochenende:

Durch lautes Rufen auf Unfall aufmerksam machen. Andere Kletterer sollen Ruf in Richtung Bergwachthütte weitergeben. Unfallort angeben. (oben, in Wand, unten?)

Während der Woche:

Tel. Notruf (0 72 23) 2 22 22 erreichen.

- Einsatzkoordination der Rettungsdienste erfolgt über Rettungsleitstelle
- Alarmierung der Bergwacht erfolgt über Funkmelder.
- Rettungswagen/Notarzt rückt aus.
  Genauen Unfallort angeben (Verletzter in Wand? unten?)

zu C

Einsatz der Bergwacht

Die Bergwacht verfügt über spezielle planmäßige Rettungs- und Transportgeräte und die Erfahrung in Verletztenbergung aus Wänden und Geröllschluchten. Außerdem übernimmt sie die Versorung des Verunfallten.

Der geborgene Patient wird an die Rettungscrew des DRK (ASB, JUH, MHD, ...), bestehend aus Rettungssanitätern / Notarzt, übergeben.

zu D

Abtransport

Der Patient wird in ein geeignetes Unfallkrankenhaus (Baden-Baden) oder Schwerpunkt-Krankenhaus (Hubschraubertransport in UNI-Klinik) gebracht.

Rucksackapotheke, zumindest Verbandpäckchen und BERGWACHT-RETTUNGSDECKE immer dabei!

Die Bergwacht stellt sich vor

Die BERGWACHT SCHWARZWALD e.V. (BWS) ist eine Rettungsdienstorganisation im Sinn des Rettungsdienstgesetzes Baden-Württemberg. Sie ist zuständig für den Rettungsdienst im Gebirge und unwegsamen Gelände (Bergrettungsdienst). Ihr Dienstgebiet erstreckt sich über den gesamten Schwarzwald von Pforzheim bis Lörrach.

Rund 1300 aktive Männer und Frauen, örtlich in 28 Ortsgruppen und 2 Sondergruppen zusammengefaßt, leisten in der BWS freiwillig und ehrenamtlich Dienst.

Eine der ältesten Ortsgruppen der BWS ist die Ortsgruppe Baden-Baden. Sie wurde bereits 1926 gegründet und versieht seitdem den Bergrettungsdienst am Battert. Daneben führt die Bergwacht seit ihrer Gründung einen dienstplanmäßig organisierten Naturschutzstreifendienst durch.

Im Dienstgebiet der Bergwacht Schwarzwald befinden sich neben verschiedenen Klettergebieten über 130 Skilifte und rund 2000 km Langlaufloipen. 14 Bergrettungswachen und 78 Bergwachtstationen – so auch die Diensthütte am Battert – dienen vor allem an Wochenenden dem Bergrettungsdienst als Stützpunkte. Sie stehen mit den Rettungsleitstellen in Funkverbindung. Darüber hinaus sind Einsatzkräfte der einzelnen Ortsgruppen durch Funkmeldeempfänger über die Rettungsleitstellen jederzeit alarmierbar.

Die Ausbildung und Ausrüstung der aktiven Helfer der BWS richtet sich nach bundeseinheitlichen Richtlinien und Empfehlungen für den Bergrettungsdienst, die den Normen der IKAR (Internationale Kommission für das alpine Rettungswesen) entsprechen.

Die Mindestausbildungszeit für Bergwacht-Anwärter beträgt zwei Jahre und endet mit einer dreitägigen zentralen theoretischen und praktischen Dienstprüfung. Ständige Fortbildung und Zusatzlehrgänge z.B. für Luftretter, Sprechfunker, Fahrer von Einsatzfahrzeugen, Ausbilder und Helfer von Katastropheneinheiten ergänzen diese Grundausbildung.

Neben der persönlichen Bereitschaft zum ehrenamtlichen Dienst muß der Bergwacht-Anwärter körperlich geeignet und geistig gesund sein. Das Mindestaufnahmealter beträgt 16 Jahre für den aktiven Dienst in der Bergwacht.

Wer nicht aktives Mitglied werden will, kann „Förderer der Bergwacht" werden. Der Mindestförderungsbeitrag beträgt 24,– DM jährlich, der zum Jahresanfang mittels Abbuchungsverfahren zu entrichten ist. Vordruck liegt dem Kletterführer bei (auf Seite 231).

Wenn Sie noch weitere Fragen haben, wenden Sie sich bitte an die

Bergwacht Schwarzwald e.V.
– Landesleitung –
Besançonallee 1
7800 Freiburg i. Br.
Tel. (07 61) 49 33 33

oder an die **Ortsgruppe Baden-Baden**
Pfrimmersbachstr. 1 a
Tel. (0 72 21) 7 57 42

Wie erreiche ich im Notfall den Bergrettungsdienst?

Über

- **die Rettungsleitstelle Bühl** **Tel. (0 72 23) 2 22 22**
- **den Notruf der Polizei** **Tel. 110**
- **die Bergwacht-Zentrale Freiburg** **Tel. (07 61) 49 33 33**

Welche Angaben soll die Meldung enthalten?

Wer meldet von wo?

Was ist geschehen? Zahl der Verletzten?

Wo ist es geschehen?

Genaue Ortsangabe: Etwa an welchem Felsmassiv, in welcher Kletterroute? Verletzter am Wandfuß oder auf einem Band in der Wand, im Seil hängend?
Je genauer diese Angaben sind, desto schneller können die gezielten Rettungsmaßnahmen eingeleitet werden.

Wie kann der Meldende weiterhin erreicht werden? (Standort, Telefon, Ansprechpartner).
Wichtig, damit der ausrückende Rettungstrupp wichtige Detailfragen einholen kann, falls dies nötig ist.

Bitte bleiben Sie ruhig und setzen Sie eine klare, verständliche Unfallmeldung ab, damit die Bergwacht auch die richtigen Maßnahmen treffen kann!

ACHTUNG! **Bitte beschränken** Sie sich bei der Kameradenhilfe auf die Maßnahmen, die im Flußdiagramm auf **Seite 112 / 113** aufgezeigt sind. Eigene Abtransportversuche fügen dem Verunfallten oft mehr Schaden zu, und – bei gerichtlichem Nachspiel eventuell auch dem Helfer.

Die Bergwacht-Ortsgruppe Baden-Baden, die für den Battert zuständig ist, wird bemüht sein, schnellstmöglich sachgerechte Hilfe zu leisten. Daß sie es kann, hat sie bisher stets unter Beweis gestellt.

Walter Böcherer
Landesleitung der BWS

§ 3 Abs. 3: Schutzzweck ist die Erhaltung der auf den Blockhalden wachsenden naturnahen Waldteile mit ihren eindrucksvollen Baumbeständen. (Auszug aus der Naturschutzverordnung für die Battertfelsen vom 30.6.1981).

Die Kletterer leisten ihren maximal möglichen Beitrag zum Umweltschutz vor Ort (siehe ab S. 74). Den großen, den Hauptschaden einzudämmen und in Zukunft zu vermeiden, ist Aufgabe aller Menschen, bzw. ihrer demokratisch gewählten Volksvertreter und deren Behördenorgane.

„Fermeda- und Bismarckmassiv" von dem Gipfel der Hellminger Türme aus gesehen.

Text – Teil II

Seite 120 bis 203

Die Felsen östlich der Bergwachthütte,
ausgehend vom **Blockgratmassiv,** in östlicher Richtung fortsetzend beschrieben, **bis** zu den **Drei Halten.**

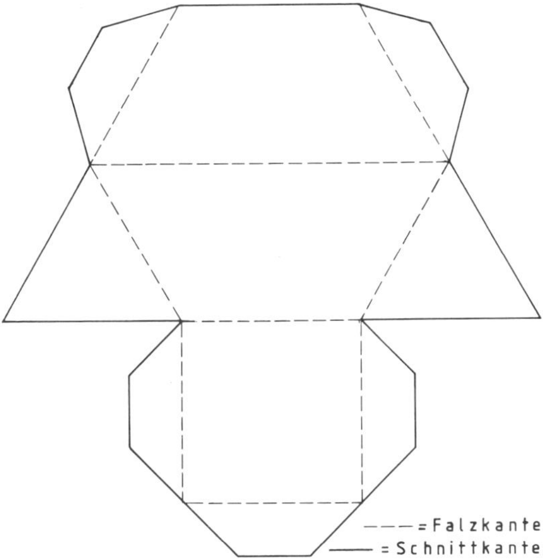

Ein Puzzle besteht ja aus mindestens zwei Teilen. Hier also Teil 2, zum Basteln, wie das Teil 1 auf Seite 17. Beide Teile ergeben, richtig zueinandergelegt, eine regelmäßige Pyramide. Wer das Buch nicht zerschneiden will, kann sich ja beide Teile aus Karton (verschiedenfarbig) mit Lineal, Bleistift, Zirkel, Schere und Kleber nachbauen.

Text – Teil II

Massiv	III	IV	V	VI	VII	VIII	beschreibt auf Seite
Das Blockgratmassiv	2	7	4	5	3	1	124
Das Wasserwandmassiv	2	3	8	8	3	–	134
Die Villnößer Nadel	2	3	1	2	1	–	140
Der Beckerturm	1	1	3	1	2	–	144
Die Hellmlinger Türmchen	1	3	2	1	–	1	150
dort Anzahl	III	IV	V	VI	VII	VIII	UIAA-Grad

Die Tabelle gibt die Menge der Routen und Varianten am Massiv im jeweiligen Schwierigkeitsgrad an.

dort Anzahl	II	III	IV	V	VI	VII	VIII	UIAA-Grad
Das Fermedamassiv	1	2	9	9	10	5	–	155
Das Bismarckmassiv	–	2	7	5	8	2	4	174
Wände östl. d. Bism.	–	4	4	1	1	2	–	186
Die Disgrazia	–	2	3	6	4	3	–	191
Die Drei Halten	2	4	4	9	1	–	–	198

„Kletterer auf dem Bismarckgrat“, hinten Drei Halten mit Jacobiturm.

„Blockgratmassiv (hinten) und Wasserwandmassiv" von Nordosten, dem Fermedagipfel aus.

Der Blockgrat

Übersicht: Auf diesem Massiv steht die Bergwachthütte, nahe der „Falkenwand". Das Massiv ist in südöstlicher Richtung ausgerichtet, dort beträgt die Wandhöhe bis zu 50 Meter. Am südöstlichen Grataufschwung in halber Höhe eine breitere „Schulter", kurz darüber das „Fotografietürmchen". Fast ganz oben ein mächtiger, nach Süden hinausragender, markanter Block.

Zu- / Abstieg: R 190 bis 194 durch Abstieg der Schlucht zwischen Massiv und der Falkenwand von der Bergwachthütte aus. Die weiteren Routen sind über den „Einsiedlerpfad" erreichbar, oder, – meist besser, über die hier genannten Abseilwege.

Abseilwege: (Bild Seite 131) Für Blockgrat, Wasserwand, Villnößer Nadel, SW-Seite Fermeda.

Abseilweg Blockgrat:

An der Bergwachthütte vorbei das Massiv oben bis zum Gratabbruch begehen. Hier ca. 8 m absteigen (II) zum Plateau mit dem auffälligen Block. Ganz außen südöstlich (Richtung „Merkur") bei einem Rißende (Ausstieg R 196, Blockgrat) Abseilhaken. 2 x 20 m Abseilen (auf Kletterer achten, 2. H am Fuß des Fotografietürmchens).

Abseilweg Wasserwandschlucht:

Für die Routen 200 bis 218.
Blockgratgipfelplateau bis zum Ende begehen aber nicht abklettern, sondern am linken Eck bei verstecktem Bühlerhaken (gelb) 20 m abseilen. Auf Band schluchteinwärts und dort noch wenige Meter absteigen (II).

R 190: Honda, V+, 1 H (teilweise brüchig)

Günther Bender mit Kurt Jägel 1976

Der Anstieg verläuft rechts der linksseitigen oberen Kante an der Südwestseite des Massivs. Einstieg durch Rechtsquerung. In kurzer, grüner Veschneidung unter ein Dach. Bei diesem nach links zum Riß, an ihm hinauf auf ein Band. Über den Wulst (H) aussteigen.

R 191: Vergessener Weg, IV+, 2 H *Gebrüder Ohle*

Einstieg oberhalb einer Felsstufe (mit Stechpalmbusch) bei erst waagrecht wachsender Birke. Schräg links hinauf zu erst seichtem Riß. Weiter oben an Riß und Band links ansteigend weiter. Nun entweder an der Kante links, oder rechtshaltend über kurzes Wändchen mit Querbändern aussteigen.

R 192: Weg der Brüder, IV, 2 H

Einstieg wie R 191. Über teils brüchige Wand geradeaus empor zu einer kleinen Verschneidung, die den Durchstieg bis fast ganz oben vermittelt. Ausstieg über einen Wulst.

R 193: Hochzeitsweg, V+, 4 H

Bernd Kullmann mit Erhard Prokoph 1976

Bei ebenem Platz rechts eines Stechpalmbusches bzw. Felsstufe an Rißverschneidung zu einem kleinen Dach (H). Dieses links umgehend zurück in eine Verschneidung, später links haltend zum Absatz (H). Dort geradeaus (H) weiter. Mittelteil brüchig.

R 194: Schluchtverschneidung, V-, 3 H

Kurt Jägel mit Heinz Hallstein 1945

Einstieg wie R 193, jedoch schräg rechts über schuppige Wand ansteigend (H) zur Rißverschneidung. Diese hinauf, weiter oben eine Kante rechts weiterklettern. Teilweise brüchig.

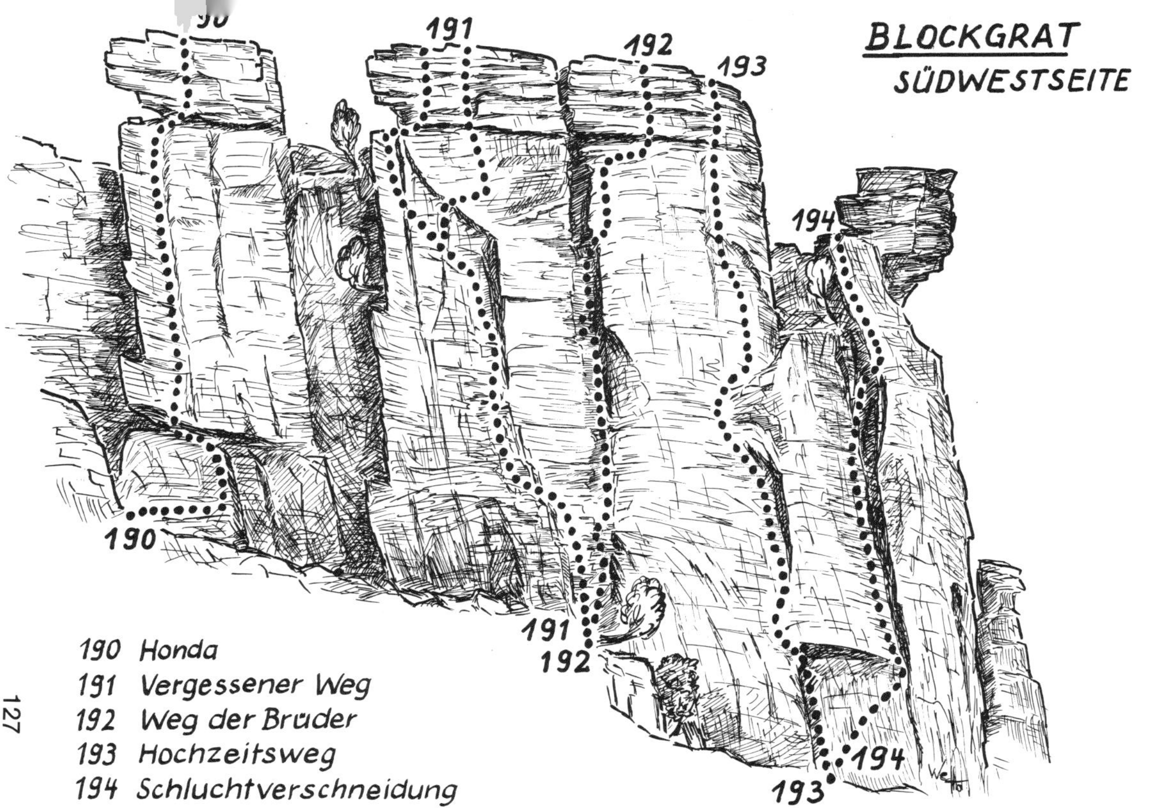
BLOCKGRAT
SÜDWESTSEITE
190
191
192
193
194
190
191
192
193
194
190 Honda
191 Vergessener Weg
192 Weg der Brüder
193 Hochzeitsweg
194 Schluchtverschneidung

R 195: Horror-Gilde-Battert-Verschneidung, V+ / VAO, 2 H, *Bernd Kullmann / Gerold Thomas 1972*

Eine auffallend glattwandige Verschneidung, südseitig direkt unter dem Fotografietürmchen. Hier empor zu einer Eiche und weiter geradeaus auf das Türmchen. Nach Spreizschritt 2 m nach links (H), um an einem Riß geradeaus weiterzusteigen.

R 196: Blockgrat IV+, 1 H *Otto Rinkel 1918, alleine!*

Am östlichsten Punkt des Massivs steht ein ca. 15 m hoher Vorturm, der südseitig (durch Felssturz 1973) ein großes Dach aufweist. Links des Daches an blockiger Rißverschneidung in die Scharte zwischen dem Turm und Massiv (hierhin auch nordöstlich einzuqueren). Beim Riß an dem Ostwändchen hinauf zu Absatz und Gratkante. Dieser folgend zu einer Felsschulter. Das folgende Fotografietürmchen wird südseitig erstiegen. (Bis hier nur IV-). Mittels Spreizschritt erreicht man einen Riß, der den weiteren Anstieg vermittelt (rechts H).

R 196 A: Verschneidungseinstieg, IV-

An der engsten Stelle zwischen Massiv und dem ca. 15 m hohen, südseitig vorgelagerten „Beckerturm" durch die dort ansetzende Verschneidung hinauf. Über das folgende Wandstück beliebig.

R 196 B: Abflugkante, VI (nur unten, später leichter) *Norbert Sialkowski 1971*

Anstieg an dem grünen Ostpfeiler, der von der breiten Felsschulter herunterzieht. Einstieg am tiefsten Punkt des Pfeilers, kleingriffig zur rechten Kante hinauf. Dort weiter.

R 196 C: Grüne Rampe, IV- (auch „untere Blockrampe")
An der Nordwand der breiten Felsschulter über eine Rampe empor.

R 196 D: Blockgratverschneidung, IV+, 2 H

(Originalname Poppweg) *Gerd Popp mit Bodo Ripp 1942*

Vom Fotografietürmchen nach Spreizschritt 2 m nach links (H) und an Riß zu größerem Absatz. Ausstieg an einer Verschneidung, die sich westseitig zum „Bockgrat" hin öffnet.

R 196 E: Zivi-Variante, VII-, 1 H ???

Wie R 196 D zum größeren Absatz. Nun aber links der Verschneidung über ein Wändchen hinauf.

R 197: Fotografieturm Normalweg, III-

Einstieg in direkter Fallinie des Fotografietürmchens an nordöstlicher Verschneidung. Nach wenigen Metern auf breitem Band nach links queren, dort über mehrere Blockstufen zur Ostkante des Türmchens und südseitig weiter. Auf Gipfel Abseilhaken.

R 198: Südostverschneidung, VII- / VI-AO, 8 H

Kurt Jägel / Martin Schliessler ca. 1960

Anstieg am 35 m hohen Ostpfeiler des Hauptmassivs. Einstieg rechts durch eine Rißverschneidung zum Absatz (H). Durch Linksquerung zum Riß im linken Bereich des Pfeilers. Dieser leitet oben bogenförmig zu einem Absatz weiter rechts (Buch). Weiter unter Wulst nach links und dort zum Ausstieg.

R 198 A: Direkteinstieg, VI+, 2 H

Bei feinem Riß den Hauptriß direkt anklettern.

R 198 B: Direktausstieg, VII-, 2 H

Markus Uhl mit Sabine Krüger 1983

Dort, wo der Riß beginnt, oben bogenförmig nach rechts zu leiten, geradeaus, später unter Wulst links ausweichend weiter.

R 199: Fledermauspfeiler, VI, 4 H

Ekkehard Herbst mit Hans-Jürgen Reiter 1974

Einstieg wie R 198, vom Absatz (H) über geneigtes Wändchen links ansteigend zu Dachwulst (H). Nach diesem erst rechts, später ganz gerade (2H) hinauf zu Absatz mit Block. Weiter R 198.

R 199 A: Nutellariß, VI+, 2 H

Markus Uhl mit Thomas Speck 1981

Vom Absatz (H) der R 199 / 198 weiter geradeaus zu Podest oben. Bei diesem an einem überhängenden Riß knapp links hinauf.

R 200: Ökotest, VII, 3 H ???

Vom oberen Querband in der Nordostwand links eines Risses (R 201) über eine kompakte Wand, sowie einen Riß hinauf.

R 201: Steigbaumriß, VI+ *Kurt Jägel 1945*

Einstieg am oberen Querband in der Nordostwand, rechts eines Blockes durch V-förmigen Riß. Dieser erweitert sich zu einer Verschneidung. Oben besser links über graues Wändchen weiter.

R 202: Klappstuhl am Paradies, VIII+, 7 H

Markus Uhl, teils technisch

Rechts der Route 201 über die überhängende Wandzone hinauf.

R 203: Obere Blockrampe, III+, 2 H *Hans Laub 1958*

Über die Rampe hinaus, die im oberen Bereich der NO-Wand rechts ansteigend emporleitet. An zwei Blöcken oben spreizend aussteigen. (Routen bis 1984 ohne Haken)

Oberer Bereich des Blockgrates von Nordosten aus gesehen. ▶

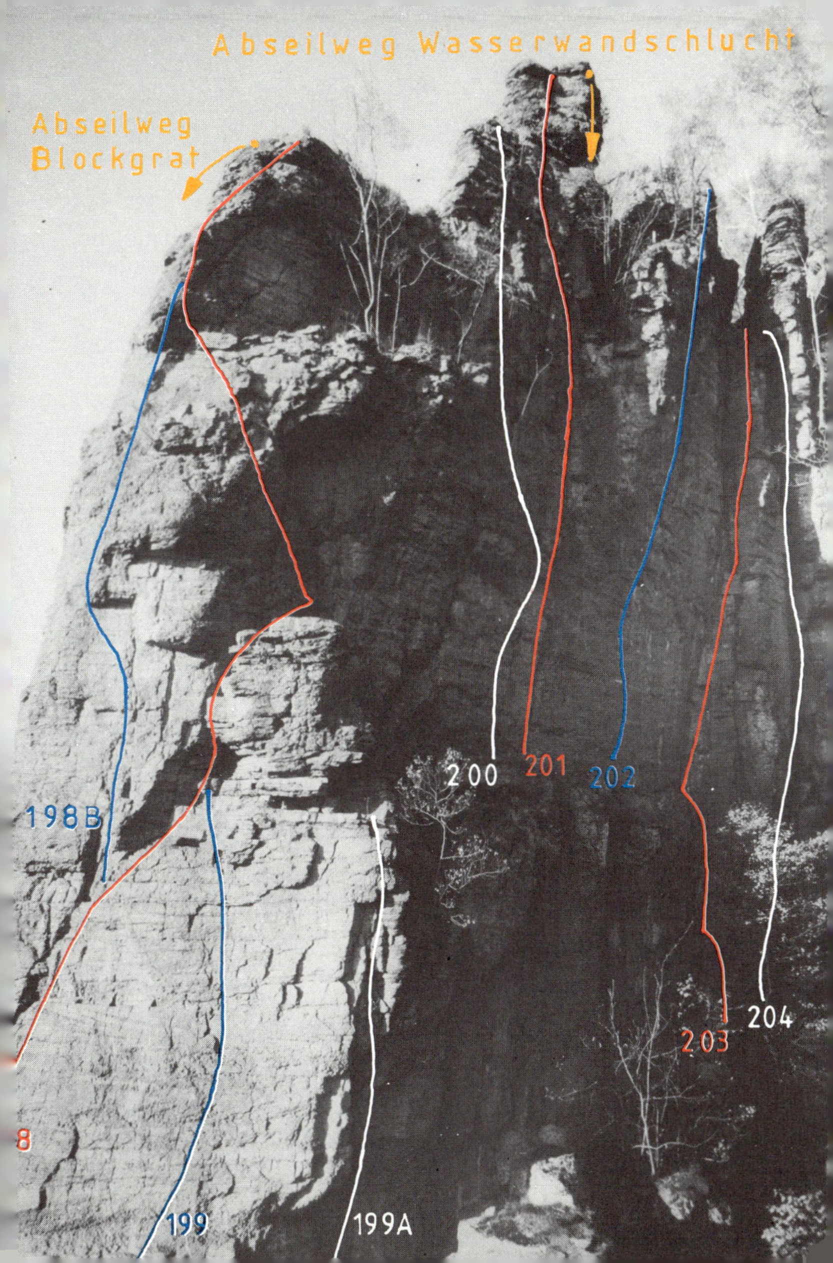
Abseilweg Wasserwandschlucht
Abseilweg Blockgrat
198B
8
199
199A
200
201
202
203
204

R 204: Geheimverschneidung, IV-, 3 H

Rolf Gundermann mit Lothar Hofmann 1984

Anstieg durch den Kamin knapp rechts der R 203. Einstieg bei Podest, um über kurze Wandstufen zum Beginn des eigentlichen Kamins (rechts H) zu gelangen. Durch diesen spreizend und stemmend unter Dachwulst. Diesen links (oben H, begünstigt Seilverlauf, verhindert Steinschlag beim Weitergehen) umgehen, bei Grasplatz an zwei Blöcken spreizend aussteigen.

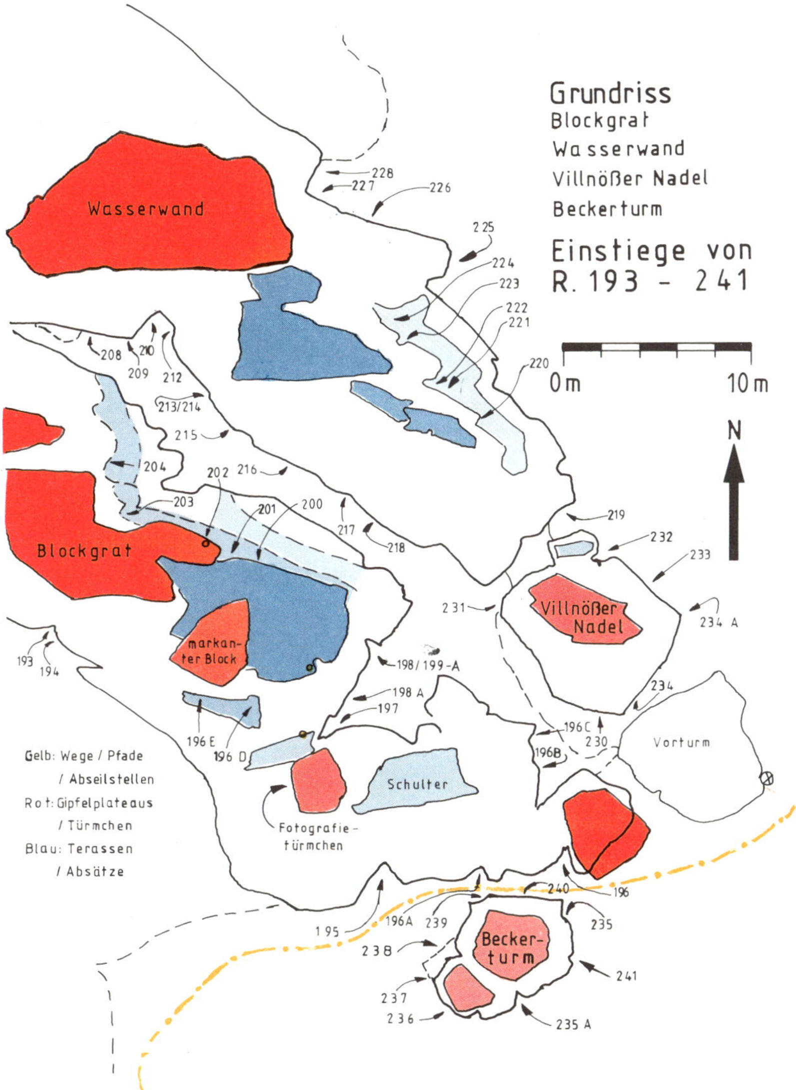

Grundriss
Blockgrat
Wasserwand
Villnößer Nadel
Beckerturm
Einstiege von
R. 193 - 241
0m
10m
N
Wasserwand
Blockgrat
markanter Block
Villnößer Nadel
Vorturm
Schulter
Fotografietürmchen
Beckerturm
Gelb: Wege / Pfade / Abseilstellen
Rot: Gipfelplateaus / Türmchen
Blau: Terassen / Absätze
193
194
195
196
196A
196B
196C
196D
196E
197
198 A
198/199-A
200
201
202
203
204
208
209
210
212
213/214
215
216
217
218
219
220
221
222
223
224
225
226
227
228
230
231
232
233
234
234 A
235
235 A
236
237
238
239
240
241

Das Wasserwandmassiv

Übersicht: Das Massiv befindet sich gleich nordöstlich der Bergwachthütte und ist, wie der „Blockgrat" in südöstlicher Richtung ausgerichtet. Dort vorgelagert befindet sich ein 20 m hoher, freistehender Turm, die „Villnößer Nadel". Südseitige Massivbegrenzung durch die mit dem „Blockgrat" gebildete „Wasserwandschlucht". Die meisten Touren schlecht abgesichert und brüchig.

Zu- / Abstieg: Von unten kommend über den „Einsiedlerpfad". Bei dem sich nordwestseitig ausdehnenden Blockhaldenkessel über Wegspuren ansteigend zum Wandfuß. Von oben: Über Abseilwege, siehe dazu auch auf Seite 125 (Beschreibung) und Seite 131 (Bild).

R 208: Wischbrett, VII, 3 H ???

Je kürzer die Route, desto umfangreicher die Regeln. Anstieg an dem glatten Wändchen, das ganz oben in der Wasserwandschlucht aus einem Spalt hervorspringt. Am Wandfuß eine Blockstufe. 1,4 m rechts von dieser unten eine senkrechte Leiste, 10 cm rechts dieser Einstieg, um auf Tritten 60 cm über dem Boden 1 m nach links zu queren. Dort direkt zu einem ca. 20 cm breiten Band hinauf. Nun an feinem Riß (3 H) weiter, an seinem Ende linkshaltend zum Absatz. Über blockige Wülste aussteigen. **Nicht benutzt werden darf:** Die Blockstufe am Einstieg und die Kante rechts.

R 209: Verlegenheitskante, IV+

Die geneigte Kante rechts der R 208 ansteigen.

R 210: Waschbrett, V-, 1 H

Hans Laub mit Albert Friedrich 1965

Anstieg an dem geneigten Wändchen, das die Wasserwandschlucht oben rechts abschließt. Die rechte Verschneidung ca. 8 m hinauf und die Wand links ansteigend (H) weiter. Über Blöcke Ausstieg.

R 211: Affenschaukel, VII- / V+AO, 4 H *1975*

Erst die Verschneidung des Waschbrettes (R 210) hinauf, um nach ca. 8 m rechts unter Dächern (2 H) zu queren. Den folgenden Riß hinauf und später an einer Kante (brüchig) aussteigen.

R 212: Große Verschneidung, V+, 1 H

Hans Laub mit Albert Friedrich 1965

Es handelt sich um die Verschneidung, die sich zum Waschbrett (R 210) hin öffnet. Durch Kaminverschneidung zum großen Absatz (H). Weiterweg direkt im Verschneidungsgrund.

R 212 A: Klemmlehrpfad, VI, 1 H *Hans Laub 1975*

Vom großen Absatz links den Riß (H) hinauf. Bei Querband die Rißfortsetzung 1 m weiter links hinauf, oben geradeaus weiter.

R 212 B: Direkter Überhang, V+AO, 1 H

Hans Laub mit Albert Friedrich 1965

Vom großen Absatz einen überhängenden Riß rechts ersteigen.

R 213: Kochweg, VI+ / V+AO, 10 H

Fritz Glaser mit Rudolf Koch

Er leitet einen Riß hinauf, der sich knapp rechts der südwestlichen Massivkante befindet. Aus der Geröllschlucht ca. 3 m nach rechts queren und am nach oben leitenden kleinen Riß (diverse H) zum Beginn einer Verschneidung. Rechts dieser am Riß weiter, später über Wändchen unter Wulst (brüchig). Hier rechtshaltend aussteigen. Hinweis: Die Haken sind alle uralt.

Bodenerosion nicht beschleunigen!

R 214: Verlorener Weg III-

Einstieg in der südseitigen Wasserwandschlucht, dort, wo diese oben merklich weniger Gefälle aufweist. Leicht ansteigend nach rechts zum Beginn einer Rampenverschneidung. Diese leitet durch die gesamte Wand zu einer Felsschulter. Nun entweder direkt über den letzten Grataufschwung oder diesen rechts umqueren.

R 214 A: Rißvariante, V-

Hans Laub mit Albert Friedrich 1960

Den Riß knapp links der Verschneidungsrampe ersteigen.

R 215: Viel Rauch um nichts, VI+, 3 H

Jürgen Knappe mit Ralf Dujmovits 1984

Einstieg am Wändchen (2 H) in Fallinie der Verschneidung der R 214. Wenn man auf diese stößt, den linken feinen Riß (H) weiter empor.

R 216: Wastlweg, VI- / V+AO, 2 H *1943*

In Fallinie eines Baumes, der in der Wand (zur Zeit noch) wächst. Einstieg über kompaktes Wändchen. Weiter in dem folgenden Riß mit erwähntem Baum.

R 217: Brummiweg, VI-, 1 H

Bernd Kullmann mit Erhard Prokoph 1977

Der Anstieg verläuft durch die kleine Verschneidung, welche 6 m über dem Geröll beginnt und ganz nach oben leitet. Sie teilt die splittrige Südwestwand in deren Mitte.

R 218: Jörger – Lughi, VI- / V+AO, 4 H

Elzio Lughi / Kurt Jörger 1947

Im rechten Wandteil der Südwestwand über gestuftes Gelände in Richtung eines Baumes. Weiter, wieder nach links haltend, zu einem Riß, der zum Ausstieg leitet.

Wasserwände von Südosten aus betrachtet ▶

216
217
218
21

R 219: Wasserwand, V+, 1 H *Elzio Lughi / Kurt Jörger*

Der Anstieg verläuft an der äußeren Ostwand. Zuerst über den blockigen Grat hinauf. Das folgende Wändchen wird direkt und oben an einer Piazschuppe erstiegen. (Bild S. 137)

R 220: Wasserkante, V, 1 H

Anstieg an der äußersten Nordostkante des Massivs. Einstieg bei ebenem Platz mit Birke. Eine Verschneidung ca. 8 m hinauf, beim Haken nach links um die Kante queren. An dieser weiter.

R 221: Caligula, VII-, 4 H *Markus Uhl 1981*

Rechts der Wasserkante (R 220) durch das glatte Wändchen einer Rißspur folgend. Rechts ausspreizen gilt nicht.

R 222: Irrtumsverschneidung, IV-

Die linkeste Verschneidung an der Nordostseite des Massivs. Einstieg bei ebenem Platz mit Birke. Den Block oben nicht berühren!

R 223: Hummelflugweg, V+

Rudolf Krah mit Werner Krah 1952

Rechts von R 222, und zwar rechts der grünlichen Kante. Anstieg an einem meist überhängenden Riß.

R 224: Ostverschneidung, III+ (oben brüchig)

Hans Laub und Albert Friedrich 1962

Die mittlere der drei Verschneidungen an der Nordostseite des Massivs. Man hält sich immer hart links, so daß die linke Begrenzungswand der Verschneidung jene mit der R 223 ist.

R 225: Wasserdach, VIA1, 8 H

Klaus Seitz / Michael Wörner 1967

Nordostseitig springt eine Massivrippe hervor. An deren Ostseite befindet sich ein Dach, das den gut angerosteten Haken folgend überklettert werden kann.

R 226: Wasserriß, V+, 1 H

Hans Laub mit Albert Friedrich 1962

An unter R 225 erwähnter Massivrippe leitet nordseitig ein bogenförmiger Riß durch die sehr grüne Wand. Diesen ersteigen.

R 227: Wasserverschneidung, IV+

Hans Laub mit Albert Friedrich 1962

Die rechteste der drei Verschneidungen, die das Massiv nordostseitig aufweist. An linker Verschneidungswand die R 226.

R 228: Ameisenpopel, VI-

Michael Hummel 1979

Anstieg am rechten Begrenzungswändchen der R 227. Es handelt sich um einen ca. 4 m breiten Wandstreifen, der etwa 15 m auf eine Art Turm hinaufleitet. Einstieg beliebig, oben an rechter Begrenzungskante beim Riß weiter. Sehr schlecht abzusichern.

Die Villnößer Nadel

Übersicht: Ein schlanker, 20 m hoher Turm, der im weiten Blockhaldenkessel nordwestlich des „Einsiedlerpfades" steht, dem „Wasserwandmassiv" direkt vorgelagert.

Zu- /Abstieg: Über den Einsiedlerpfad oder, von oben kommend Abseilweg Blockgrat (Beschreibung S. 125, Bild S. 131). Vom Turm selbst kann man nordseitig abseilen.

R 230: Normalanstieg, III, 1 H

Wilhelm Paulcke, um 1890

Einstieg an der Südwand rechts. Schräg links hinauf über erst gut gestuftes Gelände (Bäumchen), um zu einem Absatz in Wandmitte (H) zu gelangen. Von dort ansteigend nach rechts um die Kante queren und dort (brüchig) zum Gipfel weiter.

R 230 A: Kiefernriß, IV+

Vom Absatz mit Haken den senkrechten Riß links (mit Kiefer) ansteigen.

R 230 B: Wandvariante, III+

Vom Absatz (H) direkt über gutgriffige Wand empor.

R 231: Westkante, VI+, 1 H

Einstieg knapp links der Kante, nach dem Haken rechts dieser weiter.

R 231 A: Invalidentrail, VII+, 1H

Die Bergsportgeschädigten:

Bernd Kullmann / Jürgen Knappe 1986

Links der Westkante bleiben, die Kante ignorierend hinauf.

„Die Villnößer Nadel von Südwesten" ▶

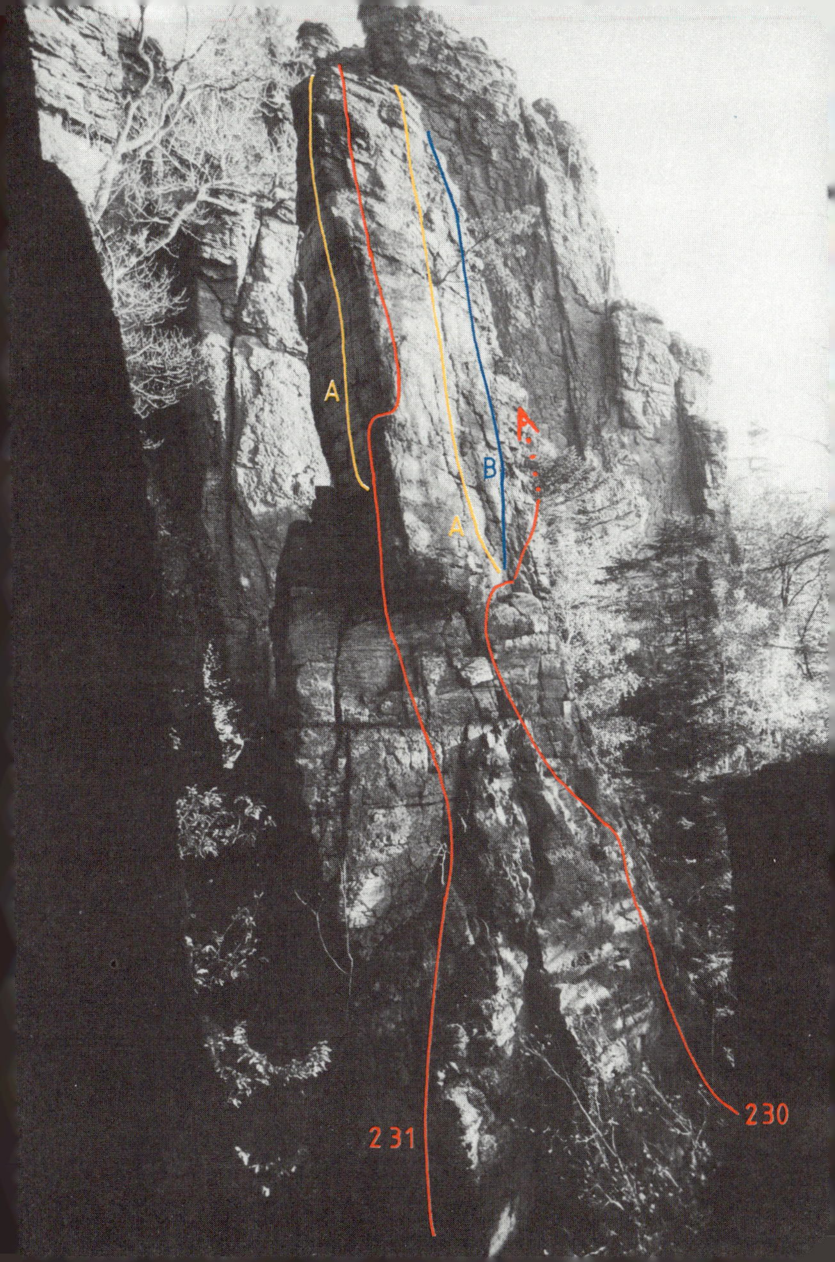

A
A
B
A
231
230

R 232: Nordwand, IV, 1 H

Im rechten Teil der Nordwand durch den Rißkamin auf einen Pfeilerkopf (H). Weiter linkshaltend an abdrängendem Wändchen mittels guten Griffleisten zum Gipfel.

R 233: Direkte Ostwand, V+, 1 H

Der Anstieg wird unten durch den Riß, der sich in der Mitte der Nordostwand befindet, vermittelt. Weiter oben **genau senkrecht** über später überhängendes Wändchen hinauf.

R 234: Südostkante, IV-, 1 H

Einstieg an der Südostecke des Turmes, um durch Querung der rechten Wand die Ostkante zu erreichen. Dort (H) weiter.

R 234 A: Direkte Ostkante, VI

Bernd Kullmann / Günther Bender 1976

Einstieg an bzw. knapp rechts der Kante, um gleich links um diese zu gelangen. Hart an der Kante über das zurückgelegte, meist moosige Wändchen zu einem Querband oben. Weiter R 234.

Der Kiefernriß (R 230 A) ▶

Der Beckerturm

Übersicht: Ein etwa 15 m hoher Turm, dem „Blockgrat“ südlich vorgelagert, von ihm durch den Einsiedlerpfad getrennt. Unweit auch vom unteren Felsenweg. Die Namensgebung erfolgte nach dem Mitglied des Alpenvereins Karlsruhe, Herrn Becker, der um die Jahrhundertwende lange und verdienstvoll dem Verein vorstand.

Zu-/Abstieg: Über Einsiedlerpfad. Vom Turm selbst: Abseilen.

R 235: Normalweg, III- *Höpfner / Scholl, Ca. 1895*

Vom Einsiedlerpfad aus auf einem Band waagrecht durch die Ostwand nach links queren. Nach der Kante zu einem tiefen Kamin ansteigen, der südseitig zum Gipfel leitet.

R 235 A: Direkteinstieg, V- *ca. 1900*

Den südseitigen Kamin direkt von unten ersteigen (brüchig).

R 236: Pforzheimer Riß, VI-, 1 H (früher: Südwestwand)
Urban Schurhammer / Bogner / Zimmermann 1924

Er leitet durch die Südwestwand, immer dem Riß folgend.

R 237: Kubitänerkante, VII / VIAO, 2 H
Michael Hummel mit Gerold Lohmüller 1978

Knapp rechts der Westkante hinauf, um erst auf kleinen Absatz (loser Block), später auf ein Band oben in der Westwand zu gelangen. Von dort links der Kante an einem überhängenden Riß (2 H) weiter. Wird statt dessen die Kante direkt weitergestiegen, ist die gesamte Route nur mit VI zu bewerten.

Der Beckerturm, von Südosten,
vom unteren Felsenweg aus gesehen. ▶

241
235
235A

R 238: Ettlinger Riß, V+ *Sackmann und Gef. 1913*

Den tief eingeschnittenen Kamin an der Nordwestwand hinauf. Die Klemmblöcke oben können innen wie auch außen passiert werden.

R 239: Nordkantenriß, VII-, 1 H *vor 1940!*

Durch den seichten Riß knapp links der Nordkante hinauf. Das Ausspreizen zum Massiv gilt selbstverständlich nicht.

R 240: Nordwandrisse, V, 2 H

Beim Wegdurchgang unten einen seichten Riß einige Meter hinauf, später an einem Riß weiter links, weiter durch die Nordwand.

R 241: Ostwand, IV+, 2 H *(vor 1926)*

Über die nach oben hin schmaler werdende Ostwand steigen.

Am Ettlinger Riß kann jeder nachvollziehen, welchen Kletterstandard die „Herren von damals" hatten, doch auch andere Touren . . . ▶

„Von oben" – Kletterregeln am Battert

Der Klettersport ist einer der ganz wenigen Sportarten, in der es nahezu keine Reglements gab oder gibt. Kein Schiedsrichter gibt Tore, Wertungen, kein Maß mißt Weiten, Höhen, keine Uhr stoppt Zeiten. Dies ist mit ein Grund, warum ich am Klettersport Freude finde, er bietet mir Ausgleich zu unserer Leistungsgesellschaft. Trotzdem wird mancher Leser das oben geschriebene belächeln und in Frage stellen, denn auch der Klettersport hat schon immer seine „Meßlatten" gehabt, heute mehr denn je.

So existierten auch beim Klettern von Beginn an bestimmte „ungeschriebene Gesetze", die zu jeder Zeit von verschiedenen Gruppen überschritten und in Frage gestellt wurden, was meist zu heftigen Kontroversen führte. Selbstverständlich kann und will dieser Artikel die bestehenden gegensätzlichen Meinungen nicht beseitigen.

Jedem ist wohl klar, daß es in unserer Gesellschaft bestimmter Regeln des Zusammenlebens bedarf. Dies gilt ganz besonders, wenn an Wochenenden ca. 200 Individualisten das Naturschutzgebiet Battert besuchen. Da ich voraussetze, es handelt sich hierbei um Sportler, erwarte ich, daß ein gewisses Maß an sportlicher Fairneß eingehalten wird. Magnesia z.B. unterscheidet nicht zwischen Handschweiß und Luftfeuchtigkeit, es saugt sich mit beidem voll und erinnert dann sehr an Schmierseife, die auch noch die typischen, natürlichen Unebenheiten des Battertgesteins zuschmiert. Kletterer, die das amtliche Magnesiaverbot ignorieren, danach aber wenigstens die Felsen wieder putzen, sind leider in der Minderzahl. Unsportlich finde ich auch, in einem Traditionsklettergarten wie dem Battert, Touren von oben erstzubegehen. Gerade heute wissen wir, wie stark die Leistungsexplosion beim Klettern ist. Klettermöglichkeiten aus egoistischen Gründen dann jetzt schon von oben zu erschließen mit dem Hinweis, „es ginge nicht anders", ist ein absolut unsportliches Verhalten gegenüber zukünftigen, sicher besseren und vielleicht auch kühneren Kletterern. Man sollte auch in der Lage sein, eigene Grenzen zu akzeptieren. Die bis vor kurzem selbstverständlichen Kletterregeln bescherten uns am Battert Erstbegehungen wie „Proloriß" V, 1980 (R 3), „ohne Magnesia" VII-, 1986 (R 27 B) und einige mehr. Daß solche Erstbegehungen möglich sind, wird wohl niemand bei genauerer Betrachtung bedauern. Kein Gericht wird je bei uns Mißachtung von Kletterregeln ahnden. Die Geschehnisse werden später, im Rückblick betrachtet, vermutlich das richtige Licht auf die jetzt tätige Generation werfen. Welchen Stellenwert sie dann einnimmt, liegt im Moment an unserem Handeln.

Kommentar *von Michael Hummel*

Die Motivationen für den Klettersport sind individuell sehr verschieden. Selbstverwirklichung, Egoismus, aktive Auseinandersetzung und Bewältigung von naturgegebenen Problemen spielen dabei eine wichtige Rolle.
Hier möchte ich kurz auf das Einrichten der Routen von oben und das Klettern mit Magnesia eingehen. Da ich am Battert an dieser Entwicklung maßgeblich beteiligt war und auch bis heute im Mittelpunkt der Kritik stehe, erscheint mir eine Stellungnahme wichtig. Daß die Begehung einer Route ohne das Hilfsmittel Magnesia sportlich wertvoller ist, sollte jedem klar sein. Wichtiger erscheint mir die Tatsache, daß heute viele Routen nach vorherigem „topropen" von oben eingerichtet werden. Hierbei kann es sich nicht um Erstbegehungen im klassischen Stil handeln. Am Battert wurde diese Entwicklung Anfang der 80er Jahre von Franzosen eingeleitet. Gründe hierfür sind oftmals eigenes Unvermögen, mangelnde Risikobereitschaft und Bequemlichkeit. Ebenso bleibt unbestritten, daß damit zukünftigen Kletterergenerationen Neuland streitig gemacht wird.
Die Zukunft könnte so aussehen, daß diese Routen von anderen Kletterern wieder abgebaut werden, um trotz der derzeitigen Entwicklung (in eine Sackgasse?) wieder Neuland für Erstbegehungen zu gewinnen.

Die Hellminger Türmchen

Übersicht: Etwa 15 m hoher Doppelgipfel, nahe dem unteren Felsenweg, benannt nach einem im 1. Weltkrieg gefallenen, bergbegeisterten Leutnant. Markant sind die südwestseitig ausladenden Dächer.

Zu- /Abstieg: Steigspuren vom unteren Felsenweg bzw. vom Einsiedlerpfad. Zum östlichen Turm gelangt man von oben, vom „Vesperstein", den Turm östlich umgehend absteigen. Von den Gipfeln muß! abgeklettert werden (II), was bei Feuchtigkeit sehr problematisch (schmierseifenartige Algenschicht) wird.

Touren zum **Westgipfel**

R 245: Biwakriß, V+

Einstieg bei dem Biwakmäuerchen knapp links der Westkante. Dort hinauf, um später durch die weiter links emporleitende Rißverschneidung zum Gipfel zu gelangen.

R 246: Linkes Wetterdach, VI+ / V+A1, 5 H

Alfred Wetter

Einstieg rechts der Westkante. An Rissen unter das Dach links und dann über dieses.

R 247: Rechtes Wetterdach, VIII- / V-Al, 9 H

Alfred Meier

Bei dem Biwakmäuerchen auf einem Band nach rechts queren und über Wändchen zu einer kleinen Verschneidung mit dem ersten Dach. Das zweite Dach den Haken folgend überklettern.

Hellminger Türmchen von Süden, vom unteren Felsenweg aus gesehen. ▶

246
247
248

R 248: Juliwandl, V, 5 H

Manfred Schäfer mit Hermann Vetter 1941

Einstieg wie R 247, aber nicht über das Dach oben weiter, sondern bei weißem Wandfleck nach rechts um die Kante queren. Der Ausstieg erfolgt dort an einem Riß.

R 249: Ostwandriß, IV

Hans Laub mit Albert Friedrich 1960

Durch die Ostwand leitet ein Riß, der oben bogenförmig nach rechts zieht. Dieser Riß vermittelt den Anstieg.

Touren zum **Ostgipfel**

R 250: Südverschneidung, III+

Die ausgeprägte Verschneidung bis unter das Dach empor. Hier nach links (leichter) oder rechts (interessanter, dort H) queren. Über die entsprechend erreichte Kante zum Gipfel.

R 251: Lotterbubenweg, IV, 1 H

Markus Zehder mit Marc Heinzel 1982

Die Nordostkante auf den Ostturm hinauf.

R 252: Nordwand, IV+, 1 H (alt)

Über die Nordwand an Leisten zum Gipfel des Ostturmes empor.

Naturschutzgebiet "Battert"

Mit der Verordnung des Regierungspräsidiums Karlsruhe als Höhere Naturschutzbehörde über das Naturschutzgebiet „Battertfelsen beim Schloß Hohenbaden" wurden am 30. Juli 1981 die Battertfelsen unter Naturschutz gestellt. Dieser gesamte Bereich hat eine Größe von ca. 35 ha und liegt – ganz grob beschrieben – zwischen dem oberen Felsenweg und einer Linie ca. 120 m unterhalb des unteren Felsenweges.

Warum wurde dieses Gelände, das besonders in den Sommermonaten von vielen Spaziergängern und Wanderern, aber erst recht von den Freunden des Klettersportes aufgesucht wird, unter Naturschutz gestellt?

Nun, die Felsen sind nicht nur wegen der dort möglichen sportlichen Aktivitäten weit bekannt, sondern die Felsengruppe ist auch geologisch und erdgeschichtlich bedeutsam. Sie muß unbedingt in ihrer „urwüchsigen" Art erhalten bleiben. Das sehr harte, verkieselte und nur schwer verwitterbare Porphyrkonglomerat stammt aus der Zeit des Rotliegenden (vor 230 - 260 Millionen Jahren).

Mit der Verordnung sollen wertvolle Pflanzenstandorte und wichtige Lebensräume für die Tierwelt, insbesondere seltene Insekten und Reptilien, die sich in den Blockhalden aufhalten, erhalten werden und ebenso die in diesen Halden wachsenden natürlichen Waldteile mit ihren eindrucksvollen Baumbeständen. Ein naturnahmes Erholungsgebiet soll bestehen bleiben.

Es ist deshalb verständlich, daß hier alle Maßnahmen verboten sind, die zu einer Zerstörung, Beschädigung oder Veränderung des Schutzgebietes oder seiner Bestandteile, ebenso zu einer nachhaltigen Störung oder zu einer Beeinträchtigung auch der wissenschaftlichen Forschung führen können.

Einige Beispiele seien hier genannt, die auch die Besucher und Kletterer dieses Gebietes betreffen.

Es ist z.B. veboten, geschützte Pflanzen oder Pflanzenteile zu entnehmen, zu beschädigen oder zu zerstören. Ähnliches gilt auch für die Tierwelt. Die wildlebenden Tiere dürfen nicht mutwillig beunruhigt, sie dürfen nicht gefangen, verletzt oder getötet werden. Puppen, Larven, Eier, Nester, Brut, Wohn- und Zufluchtsstätten dürfen nicht entfernt, beschädigt oder zerstört werden.

Selbstverständlich ist das Zelten ebenso verboten wie das Aufstellen von Wohnwagen. Auch das Feuermachen ist untersagt, eine Tatsache, die generell für den Wald durch das Forstgesetz Baden-Württemberg geregelt ist. Die gilt auch für den Lärm.

Es sei zusammengefaßt: alle Handlungen und Maßnahmen, die zu einer Beeinträchtigung im Naturschutzgebiet führen, so auch das Anbringen von Plakaten oder Aufbringen von farbigen Markierungen, worunter auch die sogenannte „Chalkerei" zu verstehen ist, sind untersagt.

Das Klettern in diesen Felsen ist im vollen Umfang weiterhin noch möglich, – nur wird eben durch diese Naturschutzverordnung erwartet, daß dieses so wertvolle und lehrreiche Gebiet in seiner spezifischen Art auch späteren Generationen erhalten bleibt. Dazu kann jeder durch die Beachtung der in der Verordnung ausgesprochenen Forderungen beitragen, die eigentlich allen Naturfreunden, zu denen auch die Freunde des Klettersports gehören, selbstverständlich sein sollten.

Bestehen dennoch Unklarheiten, so kann die Bergwacht Baden-Baden, die am N/W-Ende des Blockgratmassivs eine Rettungsstation unterhält, genaue Auskunft über diese Verordnung erteilen.

Dr. Brandstetter, Oberforstrat

im Januar 1985

Das Fermedamassiv

Übersicht: Das Massiv ist gut sichtbar, wenn man an der Bergwachthütte vorbei auf das „Blockgratmassiv" hinaustritt. Die lange Südwestwandflucht erblickend, erkennt man deutlich die Gliederung. An seinem Nordwestende springt dieser „Gratkamm" aus dem Wald, der Battertanhöhe hervor. (Bereich „Pfundiges Wandel" R 285). Der Turm, welcher den Gratverlauf unterbricht, ist der „Egonsturm". Rechts von diesem die „Hindenburgschlucht" (R 280), oben durch einen mächtigen, verkeilten Block abgeschlossen. Rechts dieser die geneigte „Graue Wand" (R 277), welche oben rechts ein spornartiges Türmchen aufweist. Beim Normalanstieg (R 261) besteigt man diesen Turm, um per Spreizschritt zum eigentlichen Fermedagipfel zu gelangen, der südwestseitig bis zu 35 m hohe Wände aufweist. Nördlich hinter dem Massiv, die „Bismarckschlucht". Die Routenbeschreibungen beginne ich beim Normalweg, um dann im Uhrzeigersinn (von oben betrachtet) fortzufahren.

Zu- /Abstieg: Von unten über den „Einsiedlerpfad". Von oben: Auf dem „oberen Felsenweg" von der Bergwachthütte ca. 25 m östlich. Nun entweder auf Pfad in weite Schlucht absteigen und unten am „Bismarckmassiv" vorbei rechts zum Massiv, oder auf dem Gratrücken (des Bismarckmassivs) oben ca. 8 m entlang. Dann rechts absteigend in die „Bismarckschlucht" (stark erosionsgefährdet). Gleich oben rechts auf Felstürmchen (= Gipfelplattform d. Pfundigen Wandls), an dessen östlichem Absatz gelber Abseilhaken (22 m). Weitere Abseilwege: Beim Ausstieg der „Grauen Wand" – gelber Haken in der Begrenzungswand der „Hindenburgschlucht" oben (20 m). Am Fermedagipfel nordwestlich auf Absatz 2 m unterhalb der Gipfelplattform sowie auf der östlichen Felsschulter (mit Birke).

FERMEDA NORDOSTWAND

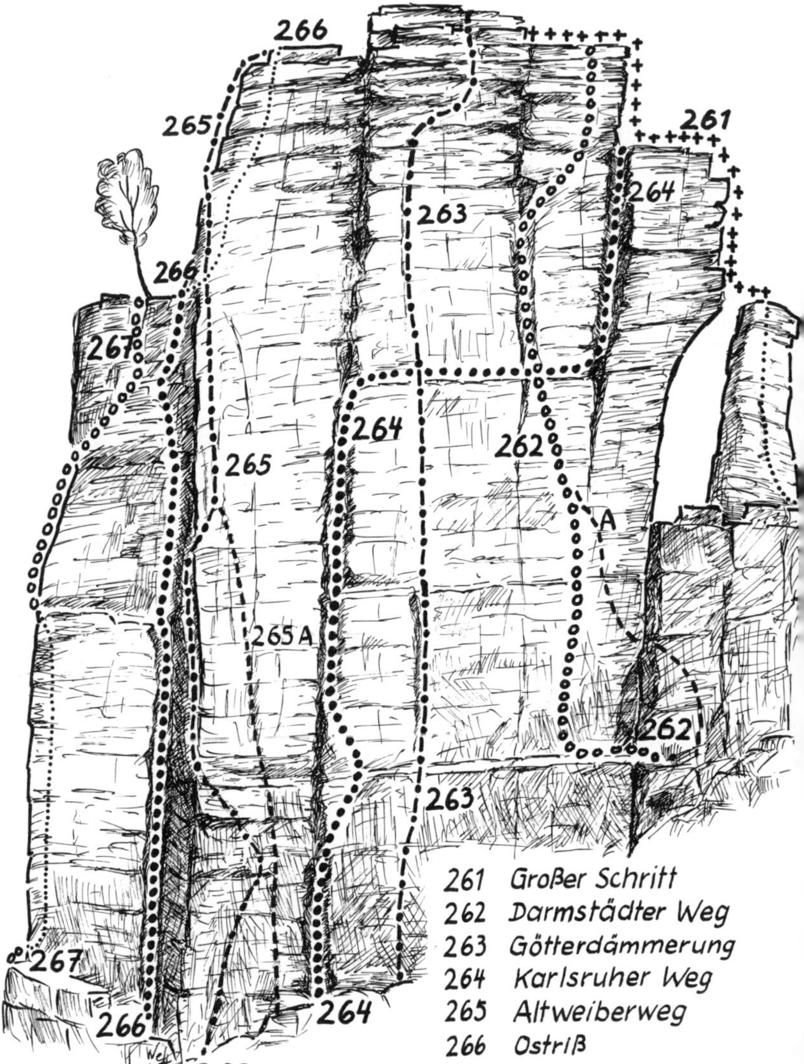

261 Großer Schritt
262 Darmstädter Weg
263 Götterdämmerung
264 Karlsruher Weg
265 Altweiberweg
266 Ostriß
267 Alkoholkante

R 261: Normalanstieg (Großer Schritt), III+

Wilhelm Paulcke etwa 1890

Über die „Bismarckschlucht" zum Gipfeltürmchen der „Grauen Wand", dieses an seiner Westkante ersteigen. Spreizschritt zur linken Kante des Hauptmassivs und dort hinauf.

R 262: Darmstädter Weg, VI+ / V+AO, 5 H

Koch mit Hallermann vor 1940

Einstieg bei breitem Band in der Nordostwand. Direkt über ein grünliches Wändchen hinauf. Ausstieg an einem Pfeiler, der rechts von einem tiefen, überhängenden Riß begrenzt wird. (H alt).

R 262 A: Rechter Einstieg, VII-, 1 H ???

Am Band rechts an einem überhängenden Wändchen (H) einsteigen.

R 263: Götterdämmerung, VII-, 2 H

Wolfram Tauer 1981

Einstieg 2 m rechts eines tiefen Risses etwa in Wandmitte. Geradeaus über Wändchen und Wulst hinauf zu einem Band. Weiter weitgehend gerade, nur oben bei einem Petzlbohrhaken eine kurze Rechtsschlaufe klettern.

R 264: Karlsruher Weg V+, 2 H

Viktor Skaball mit Willi Freytag 1936

Den tiefen Riß, der die Wand etwa in Wandmitte teilt, zu einem Querband verfolgen. Leicht links den Riß weiter, bis dieser sich verliert. An Bändchen ca. 4 m nach rechts queren, am dort ansetzenden überhängenden Riß aussteigen.

R 264 A: Gerader Ausstieg, V-

Nicht queren, sondern den oben rundlichen Riß weiterverfolgen.

R 265: Altweiberweg, VI / V+AO, 6 H

Werner Kübler mit Herbert Rupp 1964

Der Anstieg verläuft in Fallinie der Ostkante des Gipfelaufbaues. Einstieg an einer Piazschwarte, den Haken folgend zum Absatz. Dort links an einem Riß zu einer Kanzel an der Kante hinauf. Nun knapp rechts der Kante zum Gipfel weiter.

R 265 A: Irgendwie, Irgendwo, Irgendwann, VII, 3 H

Ralf Dujmovits 1985

Einstiegsvariante zum Altweiberweg. Einstieg knapp links eines Risses (R 264), den Haken folgend, später zur Kante oben links.

R 266: Ostriß, IV *vor 1926*

Die Rißverschneidung hinauf, die genau unterhalb der Ostkante des Gipfelaufbaues zur Ostschulter (Birke) hinaufzieht. Nun südseitig über ein kurzes Wändchen, dem „Schokoladenwandl", zum Gipfel. Dieses entweder direkt, oder in halber Höhe nach rechts zur Kante querend, überwinden.

R 266 A: Ostwandausstieg, V+, 1 H (dieser alt)

Von der Schulter nach rechts queren, um alsbald über die Wand direkt emporzusteigen.

R 267: Alkoholkante, VI-, 2 H *Ekkehard Herbst 1974*

Der Anstieg verläuft an der ostseitigen Schmalseite des Massivs. Auf einem Band von rechts einqueren. An einer kleinen Verschneidung zum Absatz an der Kante rechts. Knapp links dieser weiter.

R 268: Wespenkante, V-, 3 H

Walter Stößer mit Fritz Kast vor 1929

Aus der „Bismarckschlucht" unten auf einem waagrechten Band zur Südostkante queren. Diese erst links, später meist rechts der Kante ersteigen. Ausstieg durch tiefen Riß zur Ostschulter.

Bild S. 161, 218

R 268 A: Direkte Wespenkante, VI+ / V+AO, 1 H

Das Querband an der östlichen Schmalseite wird direkt von unten, einem Riß folgend, erreicht. Wurde schon früher, damals ohne Haken, geklettert (verm. mit Hilfe von Knotenschlingen).

R 268 B: Ohne Dings kein Bums, VI, 2 H (brüchig)

Steffen Schlönvogt mit Lothar Hofmann 1986

Vom Querband links um die Kante, um dort an abdrängendem Wändchen bis zur Schulter oben zu klettern.

R 269: Stößer-Kast-Verschneidung, V, 3 H

Walter Stößer / Fritz Kast, vor 1931

Die im rechten Wandteil der Südwestwand befindliche Verschneidung hinauf. An deren Ende zu Kanzel rechts und an einem Riß zur Ostschulter. Ausstieg über das „Schokoladenwandl" (R 266). (Bild S. 218)

R 269 A: Diagonaleinstieg, V+, 1 H

Man steigt vom Standhaken beim Block schräg rechts hinauf, um die Verschneidung erst recht weit oben zu erreichen.

R 270: Rivalen unter roter Soße, VII, 3 H

Christian Fütterer 1988

Von Standhaken beim Block etwas rechts weitgehend geradeaus hinauf, oben einen Wulst überwinden.

R 271: Westwand zur Schulter, (Es handelt sich hierbei um den ersten Anstieg in dieser Wand, heute nicht mehr gebräuchlich.) Ich zitiere Urban Schurhammers Führertext: „Hch: Schilt, Weiher, Gramlich 1920. Über Schrofen und Einrisse zu einem steilen Wandstück. Von hier schräg rechts zu einem sehr brüchigen Riß, der an der Kiefer mündet."
Die Kiefer, sie stand auf der Felsschulter, gibt es nicht mehr.

R 272: Eidechsenriß, V, 5 H

Fred Gaiser ca. 1936

Die Routenführung wird durch den in Wandmitte herabziehenden senkrechten Riß bestimmt. Es wird nur einmal (bei 4. H) kurz nach links ausgewichen. Beim 5. H etwas rechts haltend hinauf. Der R 271 vorzuziehen, immer noch ausreichend brüchig.

R 273: Hindenburgwand, V, 2 H

Herrmann Huber 1934

Einstieg im linken Bereich der Südwestwand bei Absatz mit Block hinter einem Baum. Eine Verschneidung bis unter kleines Dach (2. H) hinauf, dort rechts um die Kante und dann leicht linkshaltend über schuppiges Wändchen unter einen Wulst. Nun rechts empor.

R 274: Westkante, VI+, 2 H (brüchig, Haken alt)

Vom Einstiegsstandplatz der R 273 an Verschneidung links zu Absatz unter der überhängenden Nordwestwand. Jetzt rechts in Richtung der Kante ansteigen (H), dort einige Meter hinauf. Ein Riß etwas links (H) leitet zu geneigterem Gelände und Absatz oben.

R 275: Udri 60, VII, 2 H *Andreas Udri 1984*

Neubegehung einer früher technisch gekletterten Route. Ein Riß leitet an der stark überhängenden Nordwestwand hinauf zu einer Kante rechts. An dieser nun leichter weiter.

R 276: Westverschneidung, IV+ (schmutzig, brüchig)

Anstieg an der grasigen Verschneidung rechts der „Grauen Wand".

Die Fermeda von Südwesten, von der „Villnößer Nadel" aus gesehen. ▶

275
274
273
270
A
276
272
269

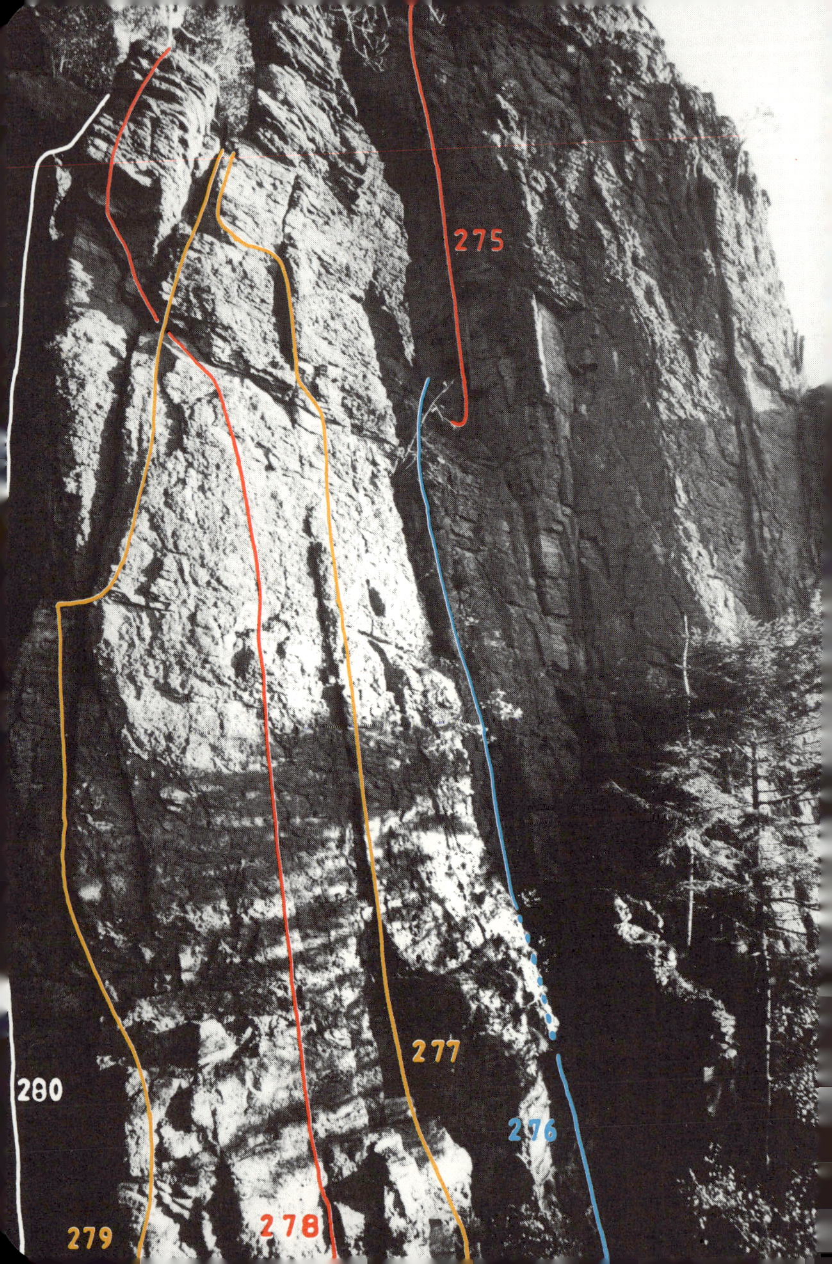
275
277
280
276
279
278

R 277: Hitlerwandl, III+, 2 H

Karl Gottmann mit Emile Schwebe 1951

Auch unter „Graue Wand“ bekannt. Dem senkrecht hochziehenden Riß in der Wandmitte folgend (rechts von diesem etwas leichter). Nach dem Wulst durch Riß weiter und bald nach links queren, um zum Ausstieg zu gelangen.

R 278: Hätt net solle, VI-, 1 H (von R 279)

Roland Birnbreier, 1986

Anstieg genau zwischen linker Kante und dem Riß in Wandmitte. Ganz oben wird das Dach an der linken Kante überwunden.

R 279: Graue Kante, IV+, 2 H

Norbert Sialkowski mit Werner Kübler

Die linke Kante der „Grauen Wand” zu Absatz (H) hinauf. Nun rechts der Kante einen Riß verfolgend weiter.

R 280: Hindenburgschlucht, II (Bild auch Seite 165)

Die Schlucht zwischen „Grauer Wand” und „Egonsturm”, oben von einem großen Klemmblock abgeschlossen, emporsteigen. Unter diesem Block nach rechts ausqueren (oder durch ein enges Loch kriechen). Auch möglich: Das enge Loch überspreizen.

R 280 A: Hindenburgverschneidung, IV

Beim Klemmblock eine Verschneidung links zum „Egonsturm” hinauf.

R 281: „Frau in Flammen", VI+, 3 H *Markus Uhl 1982*

Anstieg an der Südostkante des „Egonsturmes". Einige Meter die „Hindenburgschlucht" hinauf. Nun einen feinen Riß verfolgend, der knapp unter dem Klemmblock endet. Etwas nach links, später gerade und beliebig zum Gipfel.

R 282: Egonswandl, V+, 2 H (bei 1. H brüchig)

Norbert Sialkowski

Von rechts kommend an der Südwestwand über gestuftes Gelände zu 1. H unter kleinen Dächern. Dort nach links queren und später über Wändchen (H) zu Wülsten oben. Über diese direkt empor.

R 283: Altes Egonswandl, VI-, 1 H (sehr brüchig)

Rudolf Koch

Anstieg an der Westkante des „Egonsturmes".

R 284: Neues Pfundiges Wandl, VI+, 1 H

Hans Laub mit Albert Friedrich 1960

Einstieg 2 m links der Westverschneidung, die mit dem „Egonsturm" gebildet wird. Einer Rißspur folgend geradeaus zu einem Dach (brüchig, H schlecht) und über diesem zum Querband. Von dort über kompakte Wand ganz geradeaus weiter.

R 285: Pfundiges Wandl, IV-, 1 H

Karl Gottmann mit Emil Schwebe 1951

Einstieg an einem größeren, ebenen und länglichen Bandabsatz, der sich unter dem Wändchen befindet. Das gutgriffige, geneigte Wändchen empor und zu einem Absatz mit Block rechts. Etwas weiter rechts zu einer kleinen Verschneidung, später an deren rechter Kante weiter bis auf Höhe eines Hakens rechts. Zu diesem und nun ganz gerade nach oben zum Ausstieg (oder auch ohne Querung direkt hinauf). Abseilhaken (gelb) bei Podest etwas tiefer.

„Pfundiges Wandl" (links) mit Egonsturm (rechts) ▶

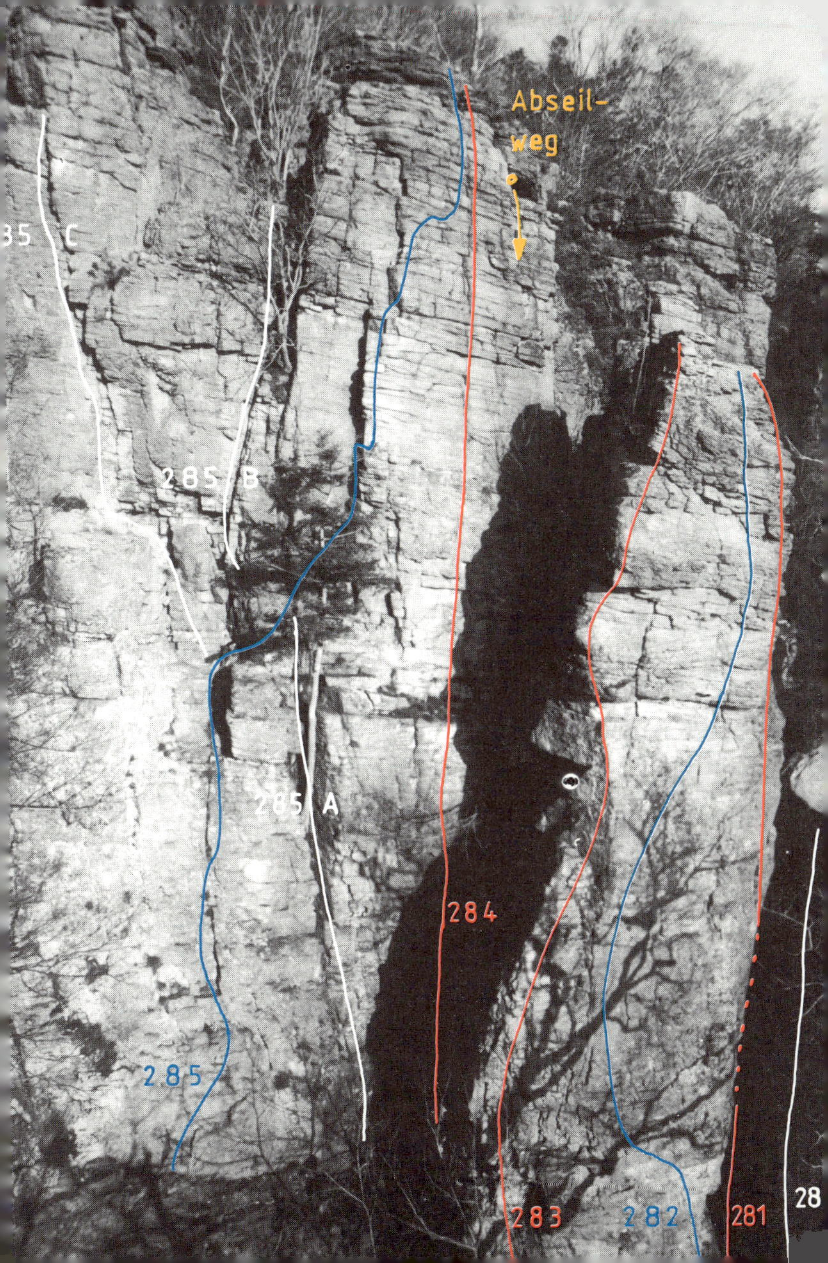
Abseil-
weg
85 C
285 B
285 A
284
285
283
282
281
28

R 285 A: Verschneidungseinstieg, IV-

Nicht das geneigte Wändchen unten, sondern rechts eine Verschneidung mit (zur Zeit wenigstens noch) Tanne ersteigen.

R 285 B: Buchenausstieg, IV

Vom Absatz mit Block zwängt man sich eine Rißverschneidung mit Buche hinauf.

R 285 C: Pfundiger Riß, IV+ (auch „Versteckter Riß")

Hans Laub mit Albert Friedrich 1960

Vom Absatz mit Block links über Blockstufen auf ein weiteres Band, wo der leicht abdrängende Riß dann erstiegen wird.

R 286: Offener Riß, IV, (auch „Shorty-Riß")

Hans Laub mit Albert Friedrich 1960

Ganz oben links in der Südwestwandflucht bei einer Verschneidung auf einem Querband zu einem kurzen Riß weiter rechts queren. Diesen ansteigen. (Das Band von R 285 C leitet auch dort hin).

R 287: Graue Verschneidung, III
(auch „Urwaldverschneidung")

Hans Laub mit Albert Friedrich 1960

Die Verschneidung, welche die Südwestwand oben links begrenzt, emporsteigen (brüchig).

Ein klettersportlicher Rückblick

Die klettersportliche Erschließung der Battertfelsen begann noch während des ausgehenden 19ten Jahrhunderts. Als Entdecker der Felsen fürs Klettern und als Erschließer vieler Normalanstiege gilt Wilhelm Paulcke, damals Gymnasiast in Baden-Baden, später berühmter Skipionier, führender Lawinenforscher und Professor an der TH Karlsruhe. Bei der Namensgebung der erstiegenen Felsgipfel standen Berge der Dolomiten und des Kaisergebirges Pate. Alle bedeutenden Felsen wurden von Paulcke und seinen Schul- bzw. Studienkameraden Müller, Hermann, Lohmüller, Schuster, Scholl, Höpfner und anderen erstiegen.

Dabei wurde, der damaligen Einstellung entsprechend, den freistehenden Türmen das Hauptinteresse gewidmet. Kuh- und Ochsenkamin auf Sass Maor (ca. 1885), Direkter Marterkamin, Eckanstieg und Delagokamin an der Badener Wand (ca. 1890) sowie vor allem die erste Begehung des N-Wand Risses an der Disgrazia im Abstieg und Alleingang durch Paulcke im Jahre 1890 waren Marksteine dieser frühen Erschließung. Um die Jahrhundertwende begann ein neuer Abschnitt. Man suchte jetzt nach schwereren Wegen auf die bereits erstiegenen Gipfel und wandte sich auch den Kaminen und Graten der großen Massive zu.

Viele der heute beliebtesten Battertwege im III. und IV. Schwierigkeitsgrad wurden in diesem Zeitabschnitt eröffnet. Lohmüllerkamin, Schusterkamin, Sass Maor Ostkante sowie die Predigtstuhl N-Kante (auch heute noch mit V bewertet) sind Beispiele dafür. Eine unerhört kühne Leistung vollbrachte Bock im Jahre 1905 mit der ersten Durchsteigung des Bockgrates im Alleingang. Ins gleiche Jahr fällt die Erstbegehung des Bismarckgrates durch Otto Bismarck Deens, heute die meistbegangene Tour im gesamten Battert. Danach war es für längere Zeit still, bis dann im Jahre 1913 zwei bis dahin für unmöglich gehaltene Anstiege glückten: Odenwald und Beier holten sich die erste Durchsteigung der Alten Frühstückswand, und Sackmann und Gefährten bewältigten den überhängenden Ettlinger Riß am Beckerturm (heute mit V+ bewertet).

Nach Kriegsende waren es vor allem wieder Mitglieder der Sektion Karlsruhe des DÖAV, die den Battert aus seinem Dornröschenschlaf erweckten. Erster Nachkriegshöhepunkt war die Durchsteigung der Alten Falkenwand. 1922 erzwang Otto Rinkel zusammen mit Schurhammer und Finkbeiner den Durchstieg. Bereits 1918 hatte Rinkel mit der Erstbegehung des Blockgrates im Alleingang Können und Mut unter Beweis gestellt. 1924 stieg Otto Forkert allein und mit Nagelschuhen (!) durch die oft versuchte, später nach ihm benannte Ottowand an der Cima della Madonna und setzte damit die Reihe der überaus kühnen Solo-Erstbegehungn der vergangenen 40 Jahre fort. Endlich wurde auch der Bockgrat wiederholt, seine Erstbegehung war der damaligen Zeit weit vorausgeeilt.

1925 tauchte am Battert ein neues Gesicht auf. Der Pforzheimer Walter Stößer gründete die Klettergilde Battert, der Männer wie Hall, Schütt, Kast, Seybold und Gaiser angehörten. Durch Stößer und seine Gildebrüder wurden am Battert viele neue Anstiege eröffnet. Spiralriß, Stößer-Kast-Verschneidung, Hallkante und Gaiserriß sind Beispiele dafür. An der Badener Wand setzte sich Stößer mit dem Neuen und Alten Pforzheimer Weg selbst ein Denkmal. Letzteren eröffnete er (ausschließlich des heute noch superkühnen Hangelquerganges) im Alleingang. Mitte der Dreißiger Jahre fanden die Gebrüder Kimmes mit der „Freundschaft" eine der schönsten und klassischsten Klettereien am Battertfelen. Bei Kriegsausbruch waren fast alle logischen und markanten Probleme an den wichtigsten Türmen und Massiven bis hin zum Schwierigkeitsgrad VI- gelöst.

Gegen Ende des Zweiten Weltkrieges begann am Battert ein junger Bursche mit dem Klettern, der später nicht nur als Bergsteiger, sondern auch als Kameramann und Filmemacher berühmt werden sollte. Martin Schliessler bildete zusammen mit dem älteren, im Krieg schwer verwundeten Kurt Jägel über Jahre hinweg die stärkste und erfolgreichste Seilschaft am Battert. Schliessler setzte mit seinen Erstbegehungen der Pfingstkante (damals noch ohne Bohrhaken), des Raucherwandls und der ersten freien Erkletterung des Steigbaumrisses Maßstäbe, die bis Mitte der Siebziger Jahre nicht mehr üertroffen wurden. Überhaupt setzte nach Kriegsende noch einmal eine sehr erfolgreiche Erschließertätigkeit ein. Neben den beiden oben genannten waren daran unter anderen K. Gottmann, E. Eissler, G. Popp und H. Scherrible beteiligt. Klassische Wege im IV. und V Schwierigkeitsgrad wurden nacherschlossen (z.B. Hitlerwandl, Schiefer Riß, Hohe Kante) aber auch extrem schwere Routen an glatten und überhängenden Felspartien gefunden (z.B. Neue Falkenwand, Falkenkante, Schreckkante). Dabei wurden verstärkt künstliche Hilfsmittel auch zur Fortbewegung eingesetzt, gleichzeitig aber waren zwischen den Haken harte Freikletterzüge zu be-wältigen (z.B. Neue Falkenwand). Scheinbar total glatte Wandpartien wurden mit selbst gebastelten, winzigen Spezialhäkchen erschlossen (Bismarck Ostwand A 2 – A 3), blieben aber die absolute Ausnahme.

Nach wie vor galt am Battert, Neutouren mit möglichst wenig Hilfsmitteln zu erschließen, was Schliesslers Raucherwandl eindrucksvoll beweist. Routen wie Freundschaft und Gaiserriß wurden von den Könnern bereits damals „Rotpunkt" geklettert, teilweise sogar im Alleingang. Gegen Ende der Fünfziger Jahre nahm dann die Zahl der Erstbegehungen deutlich ab; wieder einmal galt der Battert als erschlossen. Trotzdem wurden von eifrigen Neulandsuchern immer wieder schöne Routen entdeckt. Pfalzpapst Hans Laub stattete dem Battert hin und wieder einen Besuch ab und hakte mit bewundernswertem Spürsinn sämtliche Risse ab (z.B. Bismarck Neue O-Wand). Werner Kübler bereicherte (bis in die Gegenwart) die Tourenliste Jahr für Jahr mit klassisch schönen Erstbegehungen (Buschverschneidung, Altweiberweg).

Ende der 60er Jahre kamen junge Kletterer zum alten Stamm hinzu, die in den kommenden 15 Jahren die Entwicklung stark mitbestimmen sollten. N. Sialkowski kletterte sein Direktes Egonswandl mit einem miserablen Spachtelhaken als einzige Zwischensicherung. Abflugkante und Tortenverschneidung (beide 1971) zeugen von seinen ausgezeichneten Nerven.

Reinhard Karl brachte aus England den Klemmkeil an den Battert, der es ermöglichte, Risse ohne Hakenschlagen abzusichern (z.B. HGB Verschneidung, B. Kullmann 1972). E. Herbst erschloß mit dem Fledermauspfeiler eine der elegantesten Routen (1974), Alkoholkante und Zentralpfeiler (beide 1974) sind weitere Erfolge für ihn. Bei letzterem wurde vom Erstbegeher erstmals am Battert ein Bohrhaken geschlagen, ein Jahr später aber von B. Kullmann, der die Stelle im Vorstieg frei klettern konnte, wieder entfernt. Trotz aller Neutouren hatte es bis Mitte der Siebziger Jahre keine Steigerung der von Schliessler erreichten Schwierigkeiten gegeben. 1976 versuchten sich Sialkowski-Kullmann am Rechten Raucherwandl, konnten aber von unten keine Sicherung anbringen und kletterten es deshalb von oben gesichert. Damit war der VII. Schwierigkeitsgrad auch am Battert erreicht, aber noch lange nicht akzeptiert und etabliert. Das Festhalten an der Tradition, Routen von unten aus erstzubegehen hielt die beiden davon ab, Haken von oben zu bohren und die Tour als Erstbegehung anzugeben. Spätere Tourenerschließer warfen diese lange geachteten Grundsätze über Bord. Trotz dieser hoffnungsvollen Ansätze tat sich die nächsten 2 Jahre nichts Neues, von einigen überaus riskanten Erstbegehungen im V. Schwierigkeitsgrad abgesehen (Honda, Predigtstuhl neue Westwand, Villnößer S-O Kante). Kontakte zu anderen Klettergebieten verhalfen schließlich dem Rotpunktgedanken auch am Battert zum endgültigen Durchbruch.

Im Frühjahr 1978 kletterte B. Kullmann, immer im Nachstieg, die Neue Falkenwand frei, Falkenkante, Dülferriß, Zentralpfeiler und andere folgten. Mit dem Weißen Fleck am Predigtstuhl erreichte er erstmals wieder Schliesslers Schwierigkeitsniveau bei einer Erstbegehung. Der VII. Schwierigkeitsgrad war jetzt nicht mehr wegzudiskutieren, immer mehr technische Routen wurden frei geklettert. M. Hummel, R. Kaiser, A. Schäfer und H. Greib waren unter anderen an dieser Entwicklung beteiligt. Hakenbetonieraktionen von Mitgliedern der A.V. Sektion Baden-Baden und der Bergwacht ermöglichten freie Begehungen auch im Vorstieg. Nachdem klar war, wo man überall klettern konnte, wurden die wenigen Wandpartien, die noch ohne Routen waren, erschlossen. „Zauberpfeiler" von M. Hummel, „Opas Aufstand" von B. Kullmann, „Jenseits von Eden" von L. Hofmann, „Caligula" von M. Uhl, „Warum nicht" von W. Tauer. Daß auch im Sportkletterzeitalter noch harte und psychisch anspruchsvolle Freiklettereien eröffnet wurden, bewies R. Gundermann mit dem Deliriumsweg. Bemerkenswert auch, daß in den letzten 5 Jahren zahlreiche Routen mittleren Schwierigkeitsgrades eröffnet wurden (Proloriß, Popperwandl, Handfeger, Geheimverschneidung).

Der Schritt zum VIII. Schwierigkeitsgrad wurde 1981 an der Bismarck-Ost-Wand vollzogen. B. Kullmann und M. Hummel lösten das Problem gemeinsam. Weitere Routen dieser Schwierigkeit folgten (z.B. Alarmstufe Rot und Wolpertinger). Die meisten davon gehen auf das Konto von M. Hummel, dem momentan stärksten, und was Neutouren angeht, aktivsten Kletterer am Battert.

Abschließend kann man sagen, daß die momentan laufende Sportkletternacherschließung des Batterts noch lange nicht beendet ist. Und genau in diesem Punkt irrte U. Schurhammer, als er in seinem 1926 erschienenen Führer mutmaßte, daß die Erschließung der Felsen wohl abgeschlossen sei. Recht behielt er allerdings mit seiner Prophezeihung, daß die Zukunft des Kletterns nicht im verstärkten Einsatz künstlicher Hilfsmittel liegt. Die junge Generation versucht heute wieder genau so sauber, das heißt nur mit Hilfe der natürlich vorhandenen Griffe und Tritte zu klettern, wie dies vor 60 und mehr Jahren schon einmal üblich war. Daß dabei die Ausrüstung perfektioniert, die Sicherungen optimiert wurden, ging Hand in Hand mit einer unvorstellbaren Steigerung der Schwierigkeiten. Ein Ende dieser Steigerung ist bei weitem noch nicht in Sicht.

Bernd Kullmann, Bergwacht
Januar 1985

Die klettersportliche Erschließung der Jahre 1985 bis 1987:

Was der Autor im Januar '85 noch mutmaßte, nämlich eine weitere Steigerung der Schwierigkeiten sowie zahlreiche weitere Erstbegehungen, ist tatsächlich eingetreten. Dabei blieben auch noch so schmale Wandstreifen nicht vom Tatendrang verschont. Oft handelt es sich um definierte Probleme, bei denen ein „an die Kante greifen“ ein Verlassen der Tour bedeutet und die Schwierigkeit erheblich reduziert (z.B. „Invalidentrail“). Daneben wurden aber auch lange und absolut selbständige Neutouren erschlossen, wie z.B. das Uraltproblem „direkte Freundschaft“, von den Gebrüdern Krah in den Nachkriegsjahren erfolglos probiert und jetzt als „Racofix“ eine herliche Route trotz festbetonierter Griffe. Eine Steigerung zum oberen VIII. Grad brachte dann 1984 „Feedback“ (nach Griffausbruch IX-). 1985 kletterte dann M. Hummel nach längerem

Probieren und Einstudieren die alte Technoroute „Klappstuhl am Paradies" frei und bewertete sie mit IX-. Nach etlichen Wiederholungen einigte man sich dann auf VIII+ (mit einer Linksschleife geklettert). Und wieder war es M. Hummel, der mit „Maßstäbe" (IX-) die momentane Toproute eröffnete. Hier und in „Feedback" finden sich die momentan härtesten Einzelstellen am Battert. Bedingt durch die kletterfreundliche Beschaffenheit des Battertgesteins wird es nicht einfach sein, noch schwerere Routen zu finden. Jägels „Schiffüberhänge" (immer noch A 1) könnten, freigeklettert, eine Steigerung bringen. Eingebohrt aber bislang ungelöst ist ebenfalls ein Boulderproblem am stark überhängenden „Block" beim „Predigtstuhl". Betrachtet man die Entwicklung der letzten 10 Jahre, muß man gespannt sein, wann auch am Battert der erste Zehner geklettert wird.

Bernd Kullmann, im Januar 1988

Das Bismarckmassiv

Übersicht: Das Massiv befindet sich direkt nordöstlich vom „Fermedamassiv", dazwischen die enge „Bismarckschlucht". Nordöstliche Begrenzung durch eine breitere Schlucht, welche die Verbindung „Oberer Felsenweg – Einsiedlerpfad" herstellt, von mir daher **„Einsiedlerschlucht"** genannt. Bei dieser weist das Massiv senkrechte, sehr glatte Wandfluchten auf, die unten bis zu 30 m hoch sind. Dort, an der Ostecke auch das markante, weit ausladende „Bismarckdach" in ca. 12 m Höhe.

Zu-/Abstieg: Über „Einsiedlerpfad" sowie „Einsiedlerschlucht". Abseilwege: Der Gratrücken weist in seinem Verlauf 4 Lücken auf. 1. Lücke v. Südosten (SO): Am Standhaken nördlich 22 m über „Berglerriß" (R 301) abseilen. 3. Lücke v. SO: Gelber Haken an nördlicher Kante (22 m). 4. Lücke v. SO: An rundem Pfeiler bei Absatz gelber Haken (15 m in „Bismarckschlucht").

Auffinden der **„Einsiedlerschlucht"**: Von oben: Es ist die dritte Schlucht östlich der Bergwachthütte. Die erste Schlucht, direkt links der Hütte, ist nicht begehbar!! (wegen 15 m hohem Wandabbruch). Die zweite Schlucht ist mit Verbauungen gesperrt, um die dort starken Erosionsschäden einzudämmen. Zur „Einsiedlerschlucht" leitet, vom „oberen Felsenweg" abzweigend, ca. 25 m nordöstlich der Bergwachthütte eine deutliche Pfadspur.
Von unten: Abzweigung beim höchsten Punkt des „Einsiedlerpfades", die weite Schlucht links hinauf.

R 288: Sven Glückspilz, V-, 1 H *Lothar Hofmann 1980*

Hart an der Kante im oberen Teil der Südwestwand. Einstieg bei einer Felsstufe in der „Bismarckschlucht". An grünlicher Kante empor. Oben einen feinen Riß (schlechter H) aussteigen. Die Route ist kaum abzusichern! Wandskizze Seite 177.

◄ *„vorne: In Altherrenweg (R 292)*
hinten: Am dritten Bismarckstand (R 296)"

R 289: Schiefer Riß, IV-, 1 H

Karl Gottmann mit Emil Schwebe 1951

Gegenüber der „Fermedawestkante“ fällt oben in der Wand eine Verschneidung auf. Von ihr zieht ein Riß bis fast an den Schluchtgrund herab. Durch Einqueren zum Rißbeginn und an diesem zu einem Band oben. Über die Verschneidung, oder auch an der Kante rechts aussteigen.

R 289 A: Schiefe Platte, IV+

Hans Laub mit Albert Friedrich 1961

Über die kompakte Platte links des Hauptanstieges zu dem breiten Querband oben.

R 290: Warum nicht, VI, 2 H

Wolfram Tauer 1981

An der linken Kante einer dunklen, grünlichen Verschneidung einsteigen, später leicht linkshaltend über geneigtes Wändchen zu Haken. Nun rechtshaltend weiter zu schmalem Querband und dort an einer Verschneidungskante links aussteigen. Variante: Vom Band einen senkrechten, rundlichen Riß rechts weiter (VI+, Michael Hummel 1981).

R 291: Methusalem, VII-

Bernd Kullmann 1982

Rechts der in R 290 erwähnten dunklen Verschneidung in gerader Linie (schön frei) die steile, grünliche Wand hinauf.

R 292: Altherrenweg, VI- / V-AO, 5 H (teils brüchig)

Kurt Jägel mit Erich Eisler 1963

Anstieg im unteren Bereich der „Bismarckschlucht“ an der linken Begrenzungskante einer großen Verschneidung (R 293). Dort links der Kante zu einem Wulst und über diesen zur Kante (kann rechts umgangen werden). Den Haken folgend, später links der Kante ansteigen. Ausstieg an wulstigem Wändchen zu einem Turm. (Bild S. 174)

BISMARCKGRAT

SÜDWESTSEITE

linker Teil

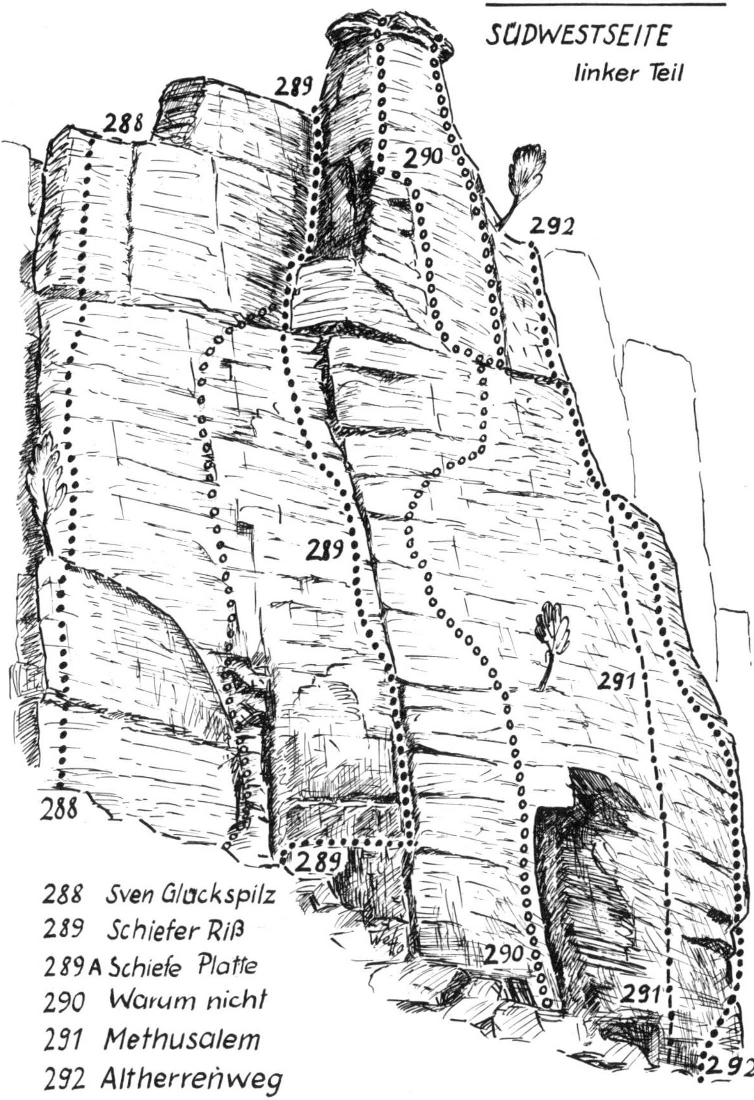

288 Sven Glückspilz
289 Schiefer Riß
289 A Schiefe Platte
290 Warum nicht
291 Methusalem
292 Altherrenweg

R 293: Bismarckverschneidung, III, 1 H

Jene Verschneidung, die am unteren Ende der „Bismarckschlucht“ emporzieht. Nach ca. 8 m etwas rechts ansteigen, um dann waagrecht nach links zu einem Absatz (H) zu queren. Nun die Verschneidung spreizend weiter bis zu ihrem Ende. Von dem größeren Platz dort nun einen tiefen Riß links ersteigen oder eleganter, links dieses Risses an einem Pfeiler zu der Scharte oben hinauf.
Variante: Im unteren Bereich nicht nach links zum Absatz queren, sondern geradeaus weiter eine Rißverschneidung ersteigen (III+.)

R 294: Bismarck Westwand, VI+ / V+ AO, 3 H

Martin Schliessler 1946

Anstieg durch die schildartige Wand rechts der Bismarckverschneidung (R 293). Einstieg in seichter Verschneidung. Weiter etwas links an einem Riß (H) und direkt über die anschließende Wand zu 2. H. Nach diesem rechtshaltend empor zu 3. H und leicht linkshaltend direkt weitersteigen. (Wird die Kante rechts mitbenutzt, deutliche Reduzierung der Schwierigkeit.)

R 294 A: Bendervariante, VI-, 1 H

Günther Bender 1976

Vom ersten Haken schräg nach links und dort die linke Kante der Wand hinauf. Ausstieg über einen spornartigen Überhang (H).

R 295: Westwandrisse, IV

Links des Grataufschwungs an der ersten Verschneidung bis zu deren Ende hinauf (z. Zt. dort noch eine große Tanne). Weiter, linkshaltend einen feinen Riß ersteigen. Dieser verzweigt sich nun (in „linken“ und „rechten“ Westwandriß), wobei es gleich ist, welcher weiterverfolgt wird.

R 296: Bismarckgrat, III+, 4 Stand-, 1 Zwischenhaken

Otto Bismarck Deens etwa um 1905

Das ostseitig vorgelagerte Türmchen ersteigen. Spreizschritt zu einer Kante, dort zum ersten Absatz mit Stand (H). Links der Kante ansteigende Querung und an einem Riß zu weiterem Absatz (2. Standhaken). Nun rechts um die Kante queren, um in der Ostwand (H) nach schräg rechts oben zu klettern. Der kurze Riß, der zum 3. Standplatz führt, wird durch eine Querung von links her erreicht. Weiter durch den Kamin links (Photo Seite 12), der in eine Gratscharte (H) leitet. Nun den Grat verfolgen.

R 296 A: Direktanstieg, IV

Links neben dem Vorbautürmchen über ein Wändchen direkt zum Quergang unter den Wülsten (nach 1. Stand) hinaufsteigen.

R 296 B: Bismarckkante, IV+

Vom 1. Stand knapp links der Kante zum 2. Stand. Weiter zuerst kurz rechts der Kante, dann an dieser zum 3. Stand mit Buch.

R 296 C: Tafelvariante, V+

Vom 2. Stand links der Kante direkt über dem Haken hinauf zum 3. Stand. Dort am Wändchen mit Gedenktafel zum Gipfelturm hoch.

R 296 D: Gammelkante, VI+, 1 H

Kurt Jägel/Martin Schliessler 1955

Vom 3. Stand (Buch, Gedenktafel) die luftige Kante rechts aussteigen. Auch damals wurden Routen erbouldert, stets von unten gesichert.

R 297: Bismarckdach, VIII- / A 1, 5 H

Martin Schliessler 1946/1. RP. Beg.: Harald Greib 1981

Es ist das große, waagrechte Dach an der östlichen Massivkante. Über geneigtes, grünliches Wändchen unter das Dach. Dieses wird an einem nach außen leitenden Riß überwunden.

R 297 A: Dachunterquerung, IV, 2 H

An einem Riß unter das Dach rechts. Nun nach links queren, um nach einer Kante an kurzem Riß zum 2. Bismarckstand zu steigen.

BISMARCKGRAT

SÜDWESTSEITE
rechter Teil

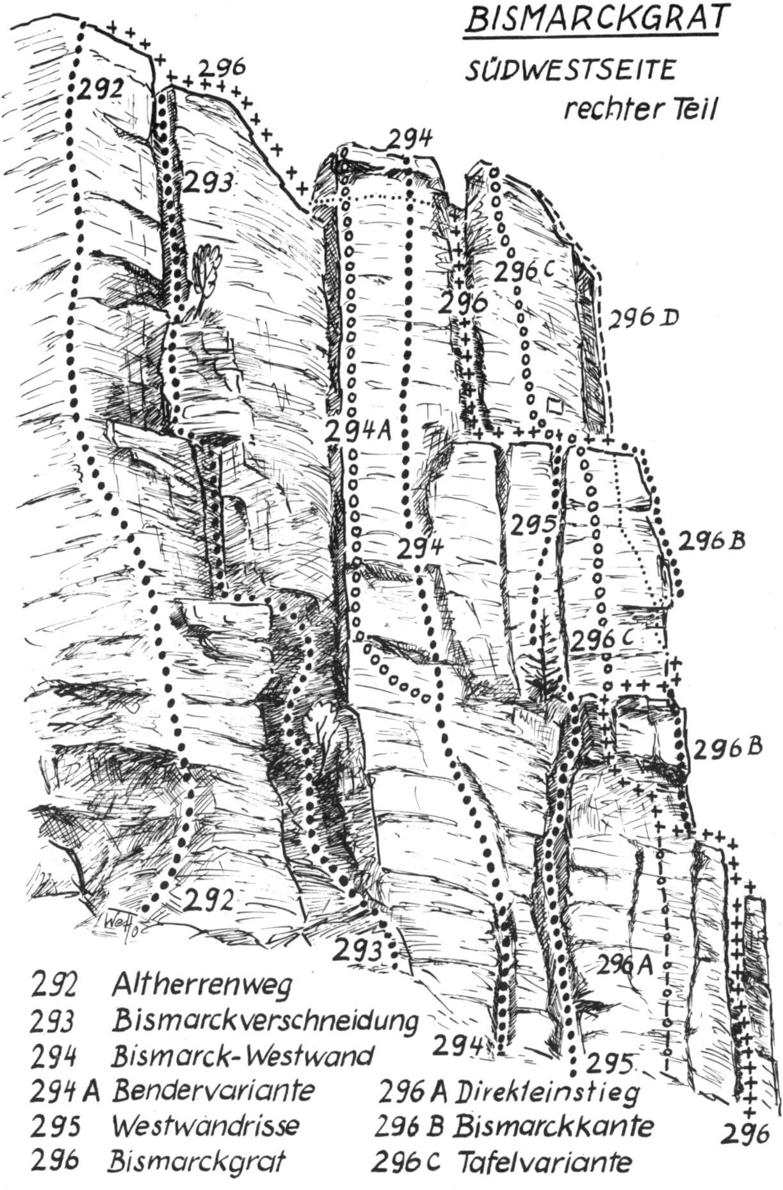

292 Altherrenweg
293 Bismarckverschneidung
294 Bismarck-Westwand
294 A Bendervariante
295 Westwandrisse
296 Bismarckgrat
296 A Direkteinstieg
296 B Bismarckkante
296 C Tafelvariante

296 D
302
303
301
300
299
298

R 298: Stegerkante, V+, 2 H *Paul Steger 1935 solo!*

An einem Riß unter das Bismarckdach steigen, um die abdrängende, spitzwinklige Verschneidung rechts weiter zu steigen. Nach Überspreizen eines Wulstes den Riß zum 3. Bismarckstand verfolgen.

R 299: Wolpertinger, VIII, 7 H *Michael Hummel 1982*

Einstieg an der Kante, welche die auffallend glatte, rötliche Nordostwand links begrenzt. Ein Riß leitet alsbald rechts ansteigend weiter, um danach senkrecht hochzusteigen. Im oberen Bereich ansteigende Rechtsquerung, Ausstieg knapp links einer Kante. (Bild Seite 222.)

R 300: Bismarckostwand, VIII+, 8 H

Martin Schliessler, damals technisch

(Bereits 1937 von Helmut Kimmes und Erich Jungmann bis in Wandmitte begangen)
In der gleichen Wand wie R 299. Bei einem Podest rechts oben, an einem Riß einsteigen und weitgehend gerade bis in halbe Wandhöhe hinauf. Dort Linksquerung zu einem Riß, der oben rechts ansteigend zu einer Scharte leitet.

R 301: Berglerriß, IV+, 2 H *Reinmüller/Manternach 1913*

Es ist die große Kaminverschneidung, welche die gesamte Nordostwand im linken (also unteren) Bereich durchzieht.

R 302: Berglerwand, VI-, 3 H

(auch „Neue Ostwand" genannt)

Hans Laub mit Albert Friedrich 1968

Dort, wo sich der Berglerriß zum ersten Mal weitet (H), einen Riß rechts ansteigend weiterklettern. Diesen bis ganz oben verfolgen.

R 303: Deliriumsweg, VI+, 2 H

Rolf Gundermann mit Theo Baciu 1978

Rechts des Berglerrisses (R 301) zieht ein unten feiner, teilweise unterbrochener Riß durch die gesamte Nordostwand. Einstieg an Wändchen links des hier ganz feinen Risses. Nach 4 m auf einem Band nach rechts zum Riß zurück und diesen hinauf. Neubegehung einer früher technisch gekletterten, aber gänzlich ausgenagelten Route *(von Karl-Heinz Matthies).*

R 304: Tour de France, VII, 4 H ???

Rechts der R 303 bei einem Podest im feinen Riß einsteigen, der etwas nach rechts leitet. An seinem Ende geradeaus weiter. (Die Haken sind schlecht auszumachen, da braun gestrichen.)

R 304 A: Direkteinstieg, VIII-, 2 H ???

Etwas weiter rechts, also „direkter" einsteigen.

R 305: Stiegeleweg, V/IV+ AO, 2 H *Stiegele 1953*

Einstieg bei einem vorgelagertem Block in eine mächtige, oben dachgesperrte grünliche Verschneidung in der NO-Wand. Nach Überwinden eines verklemmten Blockes luftig nach links, um an einem Riß hinter der Kante (2 H) immer ganz gerade weiterzusteigen.

R 305 A: Große Verschneidung, VI-

(reines „Moralproblem") *Hans Laub mit Albert Friedrich 1960*

Die Verschneidung der R 305 weiter, das Dach überkletternd.

R 306: Die grüne Hölle, V, 1 H (falls nicht weggerostet)

Hans Laub mit Albert Friedrich 1960

Rechts der R 305 über ein grünliches Wändchen, das in seiner Mitte ein kleines Dach aufweist. Dorthin an einem Riß, danach geradeaus weiter.

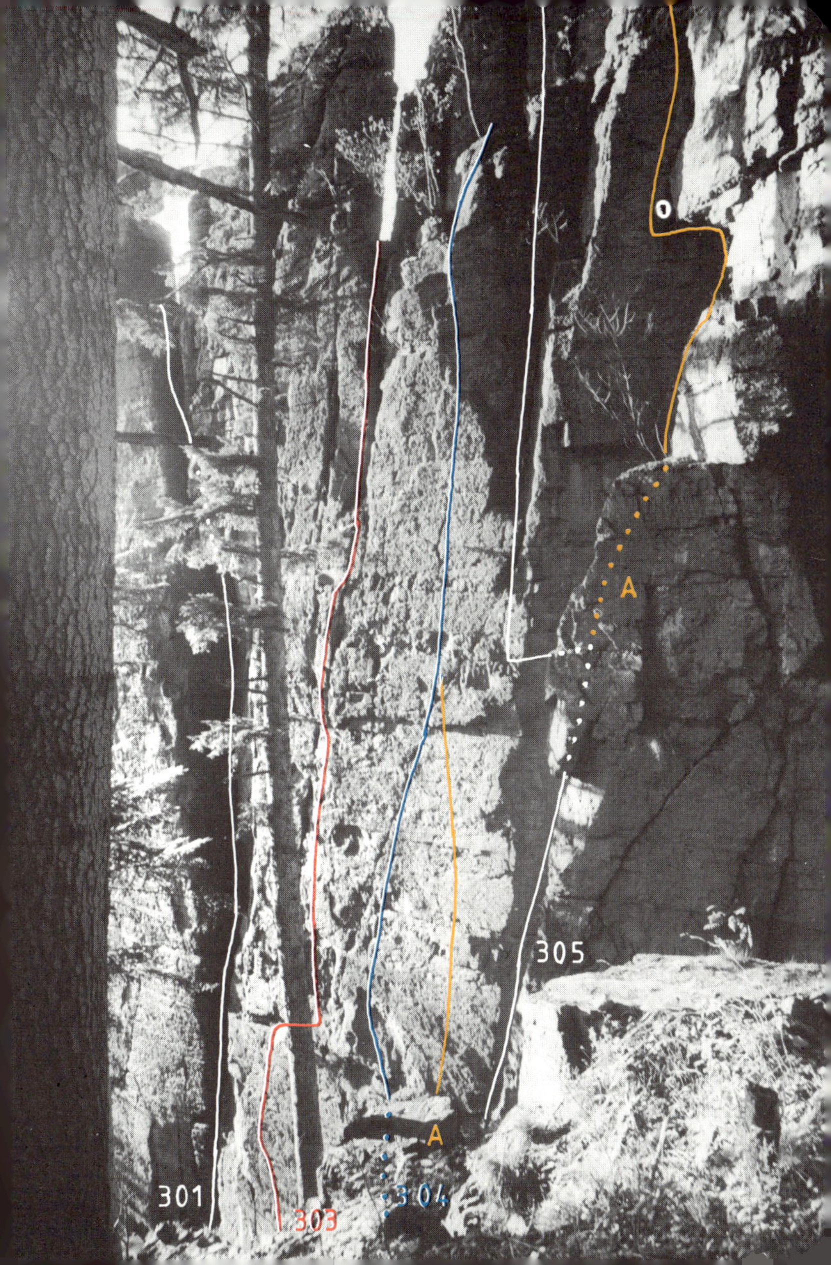

A
305
A
301
303
304

Die Wände östlich des Bismarckmassivs

Übersicht: Gemeint sind die Wandfluchten auf der östlichen Seite der „Einsiedlerschlucht".

Zu-/Abstieg: Ausschließlich über „Einsiedlerschlucht" und „Einsiedlerpfad".

R 307: Auswurfriß, IV+, 1 H

Kurt Jägel mit Erwin Metzger 1953

Im oberen Bereich der Wandflucht steht links einer dreistämmigen Buche ein Turm mit rötlicher Wand. Diesen an einem Riß besteigen.

R 308: Unzuverlässiger Turm, III+,

Waldemar Wenz solo 1982

Rechts der dreistämmigen Buche vor der Wandflucht oben an einem moosigem Pfeiler und später einer Verschneidung hinauf.

R 308 A: Blindes Huhn, IV,

welches da verm. Rolf Gundermann 1985 war.

Rechts der R 308 in einer stumpfen Verschneidung empor, mittels Linksquerung unter einem Wulst oben aussteigen.

R 309: Poppverschneidung, IV+, 2 H

Gerd Popp ca. 1948

Eine Verschneidung in der Mitte der Wandflucht. Diese (H) bis unter kleines Dach, dort links (H) über Wändchen zu einem Band. Auf diesem Rechtsquerung und über geneigtes Gelände (Achtung auf Steinschlag) aussteigen.

R 310: Waldverschneidung, V-

Hans Laub mit Albert Friedrich 1960

Im unteren Bereich der Wandflucht fällt eine rötliche Wandzone auf, die von einem kleinen Dach abgeschlossen wird (z. Zt. dort noch ein in 2 m Höhe abgebrochener Baumstamm). Hier Einstieg, um einen rinnenartigen Riß mit diversen Bäumchen im Anschluß zu begehen.

R 311: „Zehder, wisch und weg", III-

Markus Zehder 1984

Im unteren Bereich ist noch ein durch Scharte getrennter großer Massivturm. Anstieg an dessen (linker) Westkante.

R 312: Südgrat, III-

Eben jener, an dem unten getrennt stehenden großen Massivturm. Einstieg von „hinten" kommend (also nordöstlich) zu einer Scharte, welche mit einem kleinen Vortürmchen gebildet wird. Nun an der linken Kante hinauf.

R 312 A: Selber schuld, Bruch+, (so etwa IV+)

An der Ostecke eine Verschneidung (besser nicht) ersteigen.

R 313: Frag nicht, wie es mir geht, VII- / VIAO, 3 H

Thomas Olböter 1985

Rechts der R 312 befindet sich (nordöstlich) eine kurze und schmale Schlucht. Dort an der linken Wand auf den großen Massivturm, den Haken folgend.

Der Battert ist kein Sportstadion
– seid also „leise" –

R 314: Schnattergrat, VI-, 1 H

Lothar Hofmann mit Werner Kübler 1985

Die logische Fortsetzung einer Gratüberschreitung in Verbindung mit der R 312. Einstieg in der Scharte zwischen großem Massivturm und Hauptmassiv. Mittels kurzer Linksquerung zu einem Riß, der alsbald dachgesperrt ist. Hier hinauf.

R 315: Variantenwandl, V+ bis VIII-, 2 H

Lothar Hofmann 1984

Gegenüber der R 313 ein glattes Wändchen nach Belieben erklimmen.

R 316: Peutereygrat, III+, 1 H

An der Ostecke des Massivs ist hinter einer Tanne (nördlich) ein Felspfeiler, der oben eine vorspringende Pfeilerkanzel (genau darunter von unten sichtbarer Bühlerhaken) aufweist. Über moosige Stufen zu grasigem Riß, der baldmöglichst nach links verlassen wird. An der Kante zu einem Wulst oben (H), welcher direkt überwunden wird.

In eigener Sache:

Rückblick: Urban Schurhammer, 1926 mit dem Alpenverein Karlsruhe, Ekkehard Herbst, 1975 mit der Alpenvereinssektion Baden-Baden und ein Neudruck 1984 des „Schurhammer" vom Battertverlag waren die Vorgänger des Bergwacht-Kletterführers Battertfelsen. Nach der 1. Auflage von 1985 liegt nun hier, 1988, die überarbeitete 2. Auflage vor.

Jene erste Auflage brachte mir einen globalen Überblick über Kritikpunkte und Verbesserungsvorschläge ein. Dies führt zu dem jetzt hier vorliegenden Gesamtkonzept. Die Problematik beim Gestalten eines Kletterführers liegt darin, daß man Kompromisse eingehen muß, um einen guten Führer für alle, also jung und alt, zu schreiben.

Auswahl der beschriebenen Routen: Das Buch beschreibt alle Routen des zentralen Batterts. Es gibt viele Touren, von denen weder Namen noch Erstbegeherdaten bekannt sind. In solchen Fällen habe ich den Routen selbst Namen gegeben bzw. in Kennerkreisen des Batterts bereits eingebürgerte Namen übernommen. Absichtlich nicht behandelt habe ich Gebiete wie etwa Schloßgruppe und Grüner Battert, mit dem Zweck, dort beruhigte Landschaftszonen für die seltene Tier-und Pflanzenwelt des Batterts zu erhalten. Manchem Leser wäre sicher ein „Auswahlführer" lieber gewesen. So jedoch ist die Information der Kletterer weitgehend vollständig, sie haben selbst die (unbeeinflußte) Möglichkeit, ihre Touren zusammenzustellen. Manch eine „private Entdeckung einer reizvollen Route" ist somit nicht ausgeschlossen, außerdem schult es die Fähigkeit der Kletterer, Touren vorher von unten selbst einzuschätzen (man braucht ja nicht in jede Tour „blind" einzusteigen).

Allgemeine Artikel: Viele Beiträge sind zusätzlich im Buch integriert, damit der Battert nicht nur isoliert als sportliches Turngerüst gesehen wird. Der Leser lernt verstehen, was an uneigennütziger Arbeit der verschiedensten Personen geleistet wird, um das – „Lebenssystem Battert" – in der bestehenden Form zu erhalten. Da hier von einem Naturschutzgebiet berichtet wird, zeigt das Buch auch auf, welche Schritte **wir** tun können im Kampf um die Bewahrung und Erhaltung der Natur bzw. des Klettergebietes Battert. Die Bergwacht, übrigens älteste Naturschutzorganisation Deutschlands, ist heute in erster Linie eine Rettungsdienstorganisation, daher auch die Artikel zur Unfallvorbeugung sowie zu Unfallersthelfermaßnahmen.

Die Bergwacht ist gemeinnützig, was als Beispiel gerade auch dieses Buch wieder aufzeigt. Der Erlös aus dem Kletterführer (sofern er über die Bergwacht bezogen wird) wird komplett satzungsgemäß verwendet, kommt also jedem Kletterer wieder indirekt zugute. Autor und Mitarbeiter verzichten gänzlich auf „Gehalt" oder Arbeitskostenerstattung.

Auch dieser Führer wird wieder überarbeitet werden. Für Kritik, Verbesserungsvorschläge und Ergänzungen (wie etwa Neutouren) ist Ihnen die Bergwacht immer dankbar. Wenden Sie sich bitte an die Dienstmannschaft am Battert oder an untenstehende Adresse.

Rolf Gundermann
Bergwacht, im Januar 1988

Adresse:
Rolf Gundermann
Gernsbacher Straße 1
D-7560 Gaggenau 14

Die Disgrazia

Übersicht: Ein etwa 25 m hohes doppelgipfliges Felsmassiv (linker bzw. westlicher Gipfel ca. 5 m höher), das sich am höchsten Punkt des „Einsiedlerpfades" und am unteren Ende der „Einsiedlerschlucht" befindet. Rechts, östlich vorgelagert, der „Einsiedlerturm" mit ca. 12 m Höhe, gut zu erkennen an seiner rötlichen Westwand und an einem östlich angelehnten Block.

Zu-/Abstieg: Über „Einsiedlerpfad" bzw. „Einsiedlerschlucht". Mußte Wilhelm Paulcke noch solo die überhängende Nordwand (R 331) abklettern, so kann man heute von jedem Gipfel und aus der Scharte dazwischen abseilen.

Routen zum westlichen (höheren) Gipfel:

R 320: Oldies but Goldies, VII+, 5 H

(auch: Linker Nordwandriß) *Bernd Kullmann 1981*

Einstieg auf der Nordseite des Massivs knapp rechts einer Verschneidung, die durch den Turm selbst und einen Vorbau gebildet wird (dieser Vorbau verbindet die Disgrazia mit dem „Drei-Halten"Massiv). Der weitere Anstieg erfolgt am Riß genau darüber, dicht an der linken Turmkante. Neubegehung einer früher technisch gekletterten Route.

R 321: Rechter Nordwandriß, VII-, 8 H

(früher auch: Kanzelweg)

Einstieg an der Massivnordseite an einer stumpfen Verschneidung rechts. Weiter am dort ansetzenden rechten Riß zu Absatz an der Kante rechts. An Rissen knapp links dieser Kante weiter.

R 322: Schummelkante, VII+, 3 H

Michael Hummel 1984

Knapp links der Nordwestkante über glattes Wändchen (H) zum Absatz an der Kante. Dort an der Kante zu weiterem Querband empor. Von dort am überhängenden Westwändchen (H) zum Gipfel. (Wandskzizze auch auf Seite 195).

R 323: Spiralriß, V, 3 H

Walter Stößer, vor 1935

An der Westseite an einem überhängendem Rißkamin zu einem Absatz links hinauf. Nun ansteigende Querung nach rechts um die Südwestkante, um dann in der Mitte der Südwand auszusteigen.

R 324: Kühnkante, VI+ / VI-A1, 4 H

Dr. Hermann Kühn mit Reinhard Karl 1969

(Kante oben, ab Spiralrißquerung bereits früher von Karl Gottmann begangen)

Einstieg an der Südwestkante, um direkt an der Kante kletternd einen Dachwulst zu erreichen. Nun einige Meter knapp links der Kante weiter, später wieder direkt an der Kante zum Gipfel.

R 325: Kochüberhänge, VI+ / VA0, 8 H

Anstieg durch die Südseite, die knapp unterhalb ihrer Mitte eine Dachzone aufweist. Einstieg rechts an einer Kante. An einer vorstehenden Schuppe (links Bühlerhaken) über Wulst (H), dann über Wand unter das Dach. Die Dachzone wird in ihrer Mitte überwunden. Weiter gerade empor. Variante: Einstieg an der Kante links, die Dachzone rechts ansteigend erreichen.

Bei Kletterunfall – was tun?

Info auf Seite 111 – 114
mit Flußdiagramm für Sofortmaßnahmen

DISGRAZIA

SÜDWESTANSICHT

322 Schummelkante
323 Spiralriß
324 Kühnkante
325 Kochüberhänge

327 Hallkante
A Vater und Sohn-W
328 Südostkante

332 Einsiedlerkante

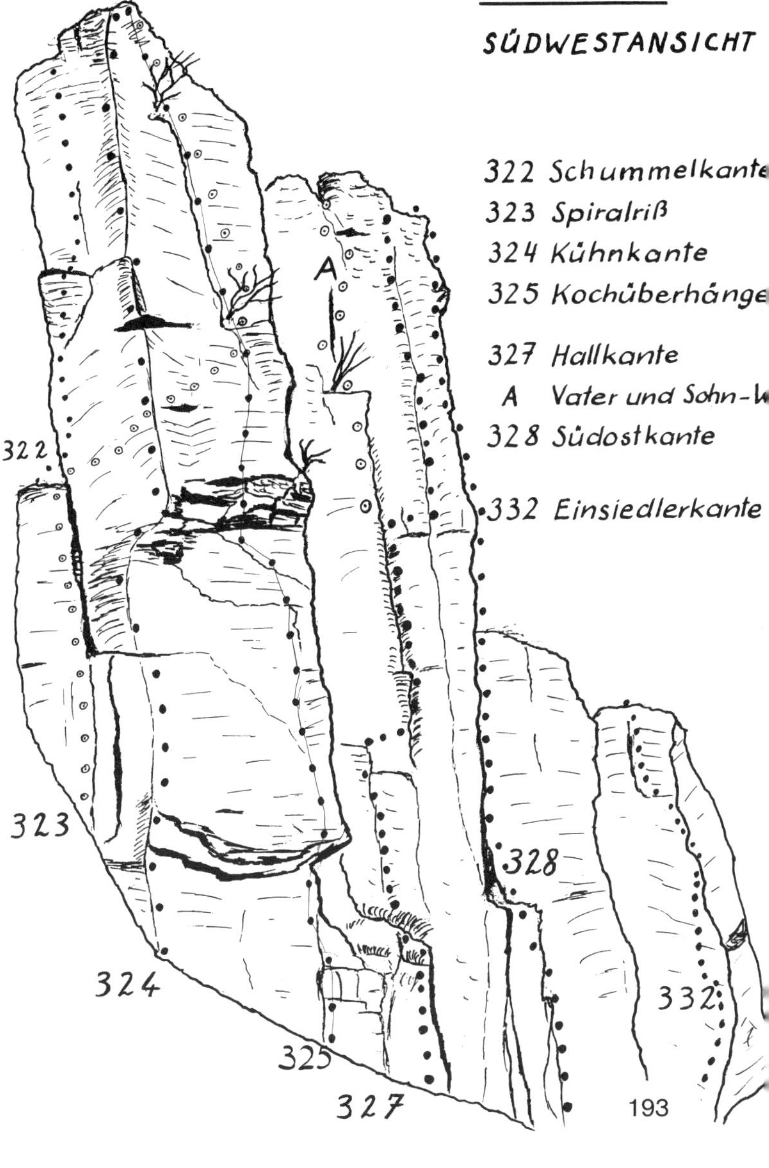

R 326: Südwestverschneidung, IV-, 1 H

Wilhelm Paulcke um 1890

Durch die auffallende Verschneidung südseitig, welche zur Scharte zwischen den beiden Gipfeln leitet. Einstieg an der Kante einer senkrechten Felsrippe. Über gut gestuftes Gelände weiter in den Grund der dort glatten Verschneidung. An einem Riß links weiter zum Absatz und Haken, nun rechtshaltend zur Scharte hinauf. Variante: Die glatte Verschneidung weiter, bis diese nach rechts zu einem Absatz abdrängt. Nun linkshaltend zur Scharte weiter.

Routen zum östlichen Gipfel:

R 327: Hallkante, IV+, 3 H

Ludwig Hall ca. 1928

Einstieg wie R 326, jedoch in Höhe eines Ringhakens rechts der Verschneidung zu Riß queren. An diesem zu einem Wulst (H). Dort kurze Querung nach rechts und bei weiterem Riß (H) zum Gipfel.

R 327 A: Vater und Sohn Weg, V-, 2 H

Wolf-Dieter Tauer mit Sohn Wolfram 1979

Am ersten Riß der R 327 beim Wulst (H) geradeaus weiter zum Absatz mit Bäumchen. Einen feinen Riß rechts weiter unter ein kleines Dach. Dieses wird links überwunden.

R 328: Südostkante, V-, 1 H

Hartmann 1920

Einstieg in Fallinie der Südostkante. Durch einen Kamin (III+) zu geräumigem Plateau (Bühlerhaken). Rechts der Kante zu Haken und ca. 2 m unter diesem! auf guter Leiste links um die Kante queren. Nun hinauf, bald direkt an der Kante zum Gipfel.

R 329: Disgrazia Ostwand, IV+, 2 H

Einstieg auf dem Plateau unter der Ostwand. An der Kante links zum Haken, dort nach rechts queren, um an einem Riß auszusteigen.

R 329 A: Direkte Ostwand, VI, 2 H

Wolfram Tauer mit Ralf Dujmovits 1982

Beim 1. Haken der R 329 leicht rechtshaltend, später ganz gerade über die sehr glatte Ostwand direkt hinauf.

R 329 B: Rechter Einstieg, V

Er befindet sich in Fallinie des Risses rechts oben. Einstieg knapp links der rechten Kante.

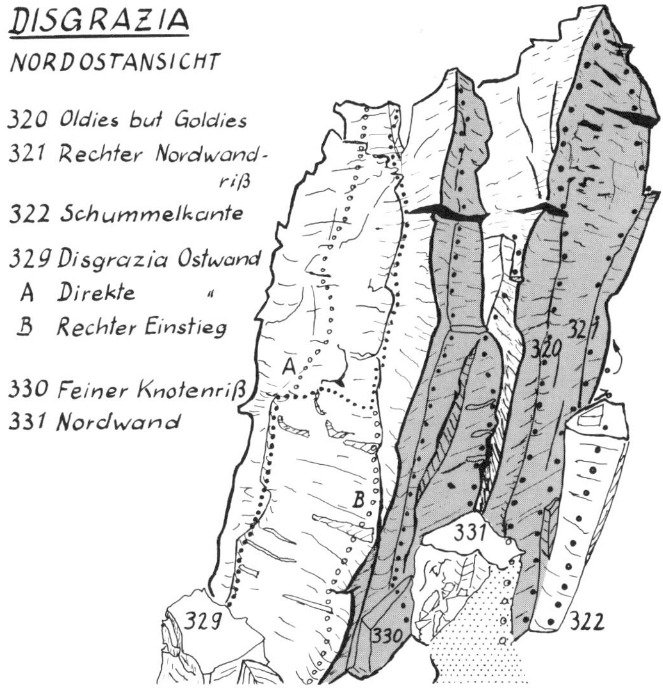

R 330: Feiner Knotenriß, VI+ / V+ A0

Hans Laub mit Albert Friedrich 1964

Einstieg im linken Teil der Nordwand des Ostgipfels, und zwar in einer abdrängenden, spitzwinkligen Verschneidung. Weiter an einem Riß rechts der Nordostkante.

R 331: Nordwand, V-, 1 H

Wilhelm Paulcke im Abstieg 1890, Höpfner 1895

Anstieg am nordseitigen Riß, der zur Scharte zwischen den beiden Gipfeln leitet.

Routen zum „Einsiedlerturm“ (= östl. Vorgipfel)

R 343 beginnt hier, an dem Kamin bei der Westwand.

R 332: Einsiedlerkante, V-, 2 H

Rolf Gundermann mit Waldemar Wenz 1987

An der rötlichen Westwand knapp links der Südwestkante des Türmchens emporsteigen. Zwischen den beiden Haken kurz auch direkt an der Kante. Oben in grünlicher Westseite aussteigen. Bietet sich als Zustieg zu den Routen 329 bis 331 an.

R 333: Einsiedlerturm, III+, 1 H

Waldemar Wenz mit August Österle 1984

Einstieg an der Südwestkante des Vortürmchens, um ca. 1 m unterhalb des 1. Hakens der R 332 nach rechts zu queren und über die Ostseite (H) auszusteigen.

R 334: Blockweg, III-, 1 H

Anstieg am Einsiedlerturm ostseitig, bei dem angelehnten und auffälligen Block einsteigend (brüchig). Oben dann mit R 333 identisch.

Routen nördlich der „Disgrazia“, welche zum oberen Felsriegel des „Drei Halten Massivs“ leiten. Siehe auch Seite 198.

R 340: Legendenweg, V+, 1 H

(sehr brüchig) *Hans Laub mit Albert Friedrich 1962*

Links unterhalb der Felsstufe zwischen „Disgrazia“ und dem Massiv nördlich davon die linke Rißverschneidung bis zu kleinem Dach hinauf. Dieses überwinden und so zu einer Felskanzel. Ein weiterer Riß leitet zum Ausstieg.

R 341: Baumriß, V- (auch: Weg der Blutsauger)

Hans Laub mit Albert Friedrich 1962

Einstieg direkt an der Felsstufe unten (siehe R 340), an einem Riß mit Baum zu der Felskanzel oben. Weiter an einem Riß rechts, der zum Gipfelplateau leitet.

R 342: Bröselmeier, V+, 2 H *Gerd Popp*

Einstieg am linken Eck (westlich) auf der Felsstufe oben zwischen „Disgrazia“ und Massiv. Einen Riß hinauf in Richtung einer Kante links. Bei kleinem Absatz (H) diagonal rechts die brüchige Wand (H) emporsteigen.

R 343: Großvaterweg, II

Einstieg am östlichen Ausläufer des „Disgraziamassivs“, einen weiten Kamin ansteigend, der links des „Einsiedlerturmes“ (mit der auffälligen rötlichen Westwand) emporleitet. So zu einer erdigen Terrasse, von dort über kurzes Wändchen an einem Riß zu dem Plateau unter der glatten „Disgrazia-Ostwand“. Über den First eines riesigen verkeilten Blockes gelangt man zum eigentlichen „Drei Halten Massiv“. Dort mittels Riß zu einer knorrigen Eiche. Ausstieg rechts einer künstlich erstellten Felsmauer.

Die Drei Halten

Übersicht: Ein Felsgrat mit mehreren Türmchen, der sich bis knapp zum „unteren Felsenweg" hin ausdehnt (dort auch Abzweigung des „Einsiedlerpfades"). Der unterste, südöstlichste Turm ist die „Vordere Halt", ca. 40 m hoch, meist „Jacobiturm" genannt. Er wird durch einen Grat mit der „Mittleren Halt" verbunden. Gleich nordwestlich hinter dieser steht die „Hintere Halt", ein nur kleiner Felsturm. Weitere Details sind bei der Überschreitungsroute (R 354) geschildert. Der mit den Türmchen versehene Grat mündet in einen Felsriegel, nördlich der „Disgrazia", welcher von oben, der Battertanhöhe, zu Fuß erreichbar ist. Die dort emporleitenden Routen sind bereits auf Seite 197 beschrieben.

Zu- / Abstieg: Zugang über den „Unteren Felsenweg" bzw. „Einsiedlerpfad". Oben ist auf einer Pfadspur der „obere Felsenweg" erreichbar. Schneller: Abstieg über Großvaterweg (R 343), abseilen am gelben Bühlerhaken der Zweiten Halt (beim Verbindungsgrat mit dem Jacobiturm), oder dort abklettern über R 349 (oben, III-) und auf R 347 unten ausqueren.

Hier im Abstiegssinne beschrieben:

R 343: Großvaterweg, dann III-

Steht man ganz oben auf dem Gipfelplateau, fällt südlich etwas tiefer ein künstlich eingeebneter Platz auf. Links (Blick ins Tal) des dort künstlich erstellten Mäuerchens über kurze Wandstelle zu der knorrigen Eiche. Rechts dieser an Rinne weiter absteigen, um das Plateau unter der „Disgrazia Ostwand" zu erreichen. Nun je nach Bedarf entweder links weiter absteigen zu erdiger Terrasse und einen Kamin rechts weiter hinab oder die Disgraziatürme nördlich umgehen und eine kurze Felsstufe bei einer Verschneidung rechts absteigen.

R 344: Hornungkamin, III

An der Südwestseite zieht am linken Eck der Hinteren Halt ein Kamin herab, der den Anstieg vermittelt. Unten etwas grasig.

R 345: Direkte Mittlere Halt, V, 1 H

Knapp links der Fallinie der Mittleren Halt Ostkante über gestuftes Gelände zu dieser. Beim gelben Haken auf einem Band nach links zu einem Riß queren, an diesem dann zum Gipfel.

R 345 A: Oberer Ausstieg, V, 1 H

Direkt an der Ostkante der Mittleren Halt zu einem Wulst empor. Diesen direkt oder auch etwas weiter links überwinden. Im Prinzip ist die Südwestwand der Mittleren Halt überall begehbar.

R 346: Oben Ohne, V-, 2 H

Andreas Dick mit Ralf Dujmovits 1983

Auf der Südwestseite ist dem Jacobiturm ein ca. 12 m hoher Turm vorgelagert. Links von diesem etwa 5 m eine Rinne hinauf, um nun nach links in die Wand (H) zu queren. Bei der Kante dort weiter (H) zu Querband. Nun leicht rechts haltend weiter ansteigen, um den Grat oben zu erreichen.

R 347: Gratfensterweg, II

Es wird die in R 346 erwähnte Rinne bis zu einem Felsenfenster begangen. Jenseits von diesem absteigen und am Wandfuß bergauf zu einer kurzen Verschneidung. Diese leitet zum Beginn der Mittleren Halt Ostkante. Weiterweg auf R 354 (ab hier noch III-) oder westseitig abseilen.

Auch Abklettern
muß gelernt sein!

R 348: Stichlingspfeiler, VI-, 4 H (diese alt)

Edelbert Laubach / Friedel Scholler 1971

Auf der Südwestseite des vorstehenden Türmchens das rötliche Wändchen bis etwa in Wandmitte hinauf. Dann um die linke Kante, dort an einem Riß zum Turmgipfel. Von diesem schräg links hinauf zu einem kleinen Absatz, dort Ausstieg an überhängendem Riß.

R 349: Westwandschlucht, III+

Erst über gestuftes Gelände hinauf, um zu jenem Kamin zu gelangen, der rechts eines Vorturmes emporleitet. Vom Sattel hinter diesem kurz nach links absteigen und dort eine Kaminverschneidung mit Felsenfenster ganz empor.

R 350: Jacobipfeiler, IV+ (kaum abzusichern!)

Der Anstieg verläuft knapp links, oben an der Kante, die links den Jacobikamin (R 351) begrenzt.

R 351: Jacobikamin, III+, 1 Stelle IV-

Er leitet durch die Westwand hinauf und endet links unterhalb des Jacobiturmes. Einstieg bei der Buche, die ganz rechts direkt bei der Wand steht. Immer dem Kamin folgen.

R 352: Der Rote Hugo (hängt tot am Seil), V+, 1 H

Christian Horn mit Jörg Repp 1982

An dem kompakten Wändchen (H) rechts der R 351 zu Absatz empor. An abdrängendem Riß zu einem weiteren Absatz. Nun eine Verschneidung (Baum) hinauf, um später rechtshaltend (dort etwas brüchig) auf den Jacobiturm zu gelangen.

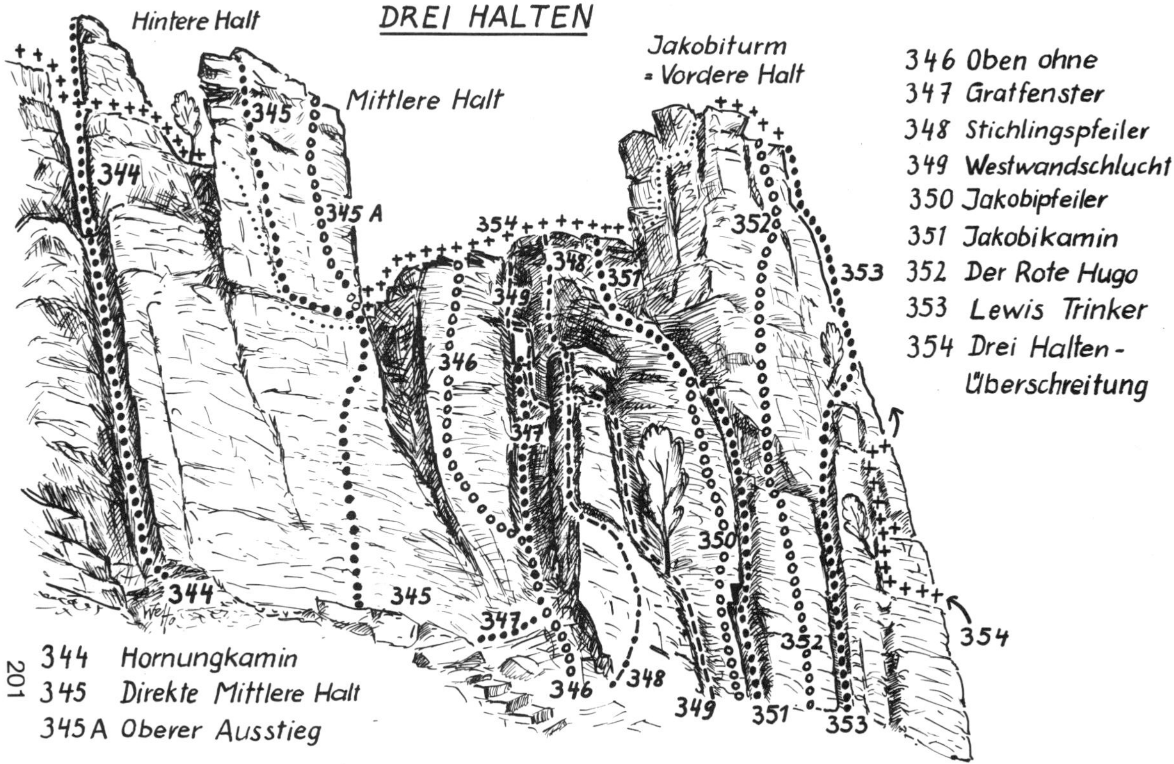
DREI HALTEN
Hintere Halt
Mittlere Halt
Jakobiturm
= Vordere Halt
344
345
345 A
346
347
348
349
350
351
352
353
354
346 Oben ohne
347 Gratfenster
348 Stichlingspfeiler
349 Westwandschlucht
350 Jakobipfeiler
351 Jakobikamin
352 Der Rote Hugo
353 Lewis Trinker
354 Drei Halten-
Überschreitung
344 Hornungkamin
345 Direkte Mittlere Halt
345 A Oberer Ausstieg

R 353: Lewis Trinker, IV- (früher: Buschriß)

Ganz rechts in der Südwestwand sind unten zwei Kamine, die sehr dicht beieinanderliegen. Den linken Kamin hinauf bis zu einem Strauch an der Kante. Am Strauch vorbei und links zurück in den Riß, der nun in geneigtes Gelände leitet. Dort dann direkt über ein Wändchen zum Jacobigipfel ansteigen.

R 354: Drei Halten Überschreitung, III+, 7 H

(davon 5 Standhaken)

Einstieg am tiefsten Punkt des Massivs. An gutgestuftem Gelände linkshaltend ansteigen, an kurzem Riß zu Querband (H). 2 m weiter links über kurze Wandstufe zu einem Baum, dort schräg rechts weiter zum Absatz (1. Stand). Die links ansetzende Rißverschneidung weiter und über Riß (rechts H) zum 2. Stand auf geräumiger Felskanzel (H). (Variante: In einer rechts-links-Schleife vom 1. zum 2. Stand, dann etwas leichter.) Nun im Verschneidungsgrund weiter, oder original (schwerer) nach links in die Wand queren und dort zum Jacoboturm ansteigen (3. Stand, H). Vom Turm nordseitig absteigen und über Felsgrat zur mittleren Halt (gelber H). Auf Band nach rechts in die Wand queren, dort an stumpfer Verschneidung zu einer Scharte hinauf. Die folgende hintere Halt kann entweder südwestseitig ansteigend gequert werden, um nach Spreizschritt an einer Kante zu großem ebenen Platz zu gelangen, oder ostseitig erstiegen werden. Dann erreicht man den Platz durch Sprung. (Rechts H). Das sogenannte Haltentürmchen gleich rechts kann an seiner Ostkante erstiegen werden. Heutzutage gebräuchlicher: Geradeaus weiter, ein schräges Wändchen mit Riß ansteigen, um über kleinere Blockstufen zum Ausstiegsplateau zu gelangen.

Varianten zu R 354:

R 354 A: Einstiegsvariante, V

Hans Laub mit Albert Friedrich 1960

Zum 1. Stand direkt, an einem feinen Riß ansteigend.

R 354 B: Dachausquerung, IV+, 1 H

Eine Ausstiegsvariante, die auf eine Felsrippe des Gipfelplateaus leitet. Steht man auf dem großen ebenen Platz unterhalb des Haltentürmchens, fällt rechts der geneigten Ausstiegswand ein Wandsockel mit Dach auf. Unter dieses Dach klettern, und bei einem Haken knapp über dem Dach nach links um die talseitige Kante queren. Nun an dieser Kante aussteigen.

R 354 C: Direktes Ausstiegsdach, V+, 1 H

Das Dach der R 354 B wird direkt überklettert, eher etwas rechtshaltend. Oben liegt eine Felsplatte, die eben nur so stark belastet werden darf, daß sie dort auch liegenbleibt.

R 355: Südwandkamin, IV-

Die auffallende Kaminverschneidung, die zum unteren Felsenweg weist, hinauf auf einen Absatz beim Pfeilerkopf. Nun nach links queren (brüchig) und auf R 354 weiter.

STEINSCHLAG

kann tödlich sein:

VERMEIDET IHN !

Dankesworte

Ein Kapitel, das die meisten Leser eher zum Gähnen veranlaßt, daher von einigen als der unwesentlichste Beitrag des Buches gewertet wird. Doch gerade hier kann der Autor den Bogen spannen, – hinüber zu der menschlichen Seite, die besonders während der Erstellung eines solchen Buches ganz im Vordergrund steht.

Mit zahllosen Menschen habe ich gesprochen, um das geeignete Konzept für diesen Kletterführer zu finden. Mit vielen Kletterern bin ich zwecks Recherchen „durch die letzten Winkel des Batterts“ gestiegen oder habe sie für fotografische Zwecke in Beschlag genommen. Ihnen allen hier ein dickes Dankeschön, mit der Hoffnung verbunden, nicht gar zu lästig gewesen zu sein.

Eventuell bekommt ja mancher Leser einen engeren Bezug zum Buch, da ihm mit diesen Zeilen bewußt wird, welche Komponenten eigentlich erst das Ganze ausmachen.

Dank hier daher allen, die einen redaktionellen Beitrag lieferten und damit das Buch vielseitig informativ machten.

Ein Führerwerk steht und fällt mit den darin enthaltenen Bildern, Skizzen und Karten. Viel Zeit und Können investierte **Thomas Käufl** aus Karlsruhe, um bestes **Bildmaterial** herzustellen. **Werner Hofmann** aus Friedrichstal fertigte mit gleichem Perfektionsdrang neue **Wandskizzen,** was bei seiner genauen Arbeitsweise enorm aufwendig ist. Ebenso „pedantisch" be- und überarbeitete **Axel Drapp** aus Sinzheim-Winden die **Karten** und **Grundrisse.** Bei den inhaltlichen Recherchen war mir **Hans Laub** aus Pirmasens eine große Hilfe. Viele **Tourendaten** stammen aus seinen akribisch geführten Aufzeichnungen. Stellvertretend für viele weitere Informanten will ich hier **Kurt Jägel** und **Werner Kübler** aus Baden-Baden, sowie **Fritz Kast** aus Pforzheim nennen, sie lieferten mir viele **historische Daten.** Aus Seltmans kommt **Martin Blenk,** seine im Stil unverwechselbaren **Cartoons** lockern die doch trockene Materie angenehm auf. Nirgends sieht man die Arbeit von **Dieter Pauleweit** aus Muggensturm, er bearbeitete den nötigen **Schriftwechsel,** eine Arbeitsfülle, die kaum jemand erahnen kann.

Euch allen ganz herzlichen Dank für die selbstlose Mitarbeit, die ja einen großen Anteil der Buchbearbeitung darstellt.

Dank auch für die gute Zusammenarbeit dem twp-Verlag und Herrn Papenberg. Erst er ermöglichte in idealer Weise die Umsetzung meines „Gedankengebildes" in das Buch meiner Wünsche.

Auch möchte ich hier im Namen der Bergwacht den Inserenten in diesem Buch danken, denn sie unterstützen durch ihre finanziellen Aufwendungen die Bergwacht ganz entscheidend.

Rolf Gundermann, im Februar 1988

DEUTSCHER
DAV ALPENVEREIN

Offizielle Verkaufsstellen
des Bergwacht-Kletterführers Battert

In Ebersteinburg:	
FINA-Tankstelle,	Ebersteinburger Str. 17
Gasthaus Hirsch – Vesuvio	Ebersteinburger Str. 46
Café zur Schönen Aussicht	Ebersteinburger Str. 66
In Baden-Baden:	
Sporthaus **Engelsberger**	Gernsbacher Str. 32
Tabakwaren, LOTTO – TOTO	
Roland Gerstner	Rheinstraße 15 – Oos
In Gaggenau und Gernsbach:	
Sporthaus Fischer	Gagg., Hauptstr. 6 Gernsb., Bleichstr. 5
In Kuppenheim:	
Fa. Egon Kolb, Bergsport	Friedrichstr. 16
In Bühlertal:	
Sporthaus Steimel	Haabergstr. 5
In Karlsruhe:	
Sport Schütz	Herrenstraße 21
In Heidelberg/Dossenheim:	
Sport Eitel	Gerhart-Hauptmann-Str. 8
In Freiburg:	
Pego-Sport	Salzstraße 13
In 7130 Mühlacker:	
Beli-Sport	Waldenserstr. 16
In 6000 Frankfurt:	
Alpin-Sport	Große Friedberger Str. 18

Wenn Sie Ihren Kletterführer Battertfelsen über eine der o.g. Adressen beziehen, fließt der Erlös aus dem Verkauf vollständig der Bergwacht zu.

Die Bergwacht Baden-Baden dankt den o.g. Personen und Firmen ganz besonders für ihre Bereitschaft, den Kletterführer in Kommission zu verkaufen.

Wir haben alles für den Bergsport
Climb High®
Gesellschaft m.b.H.
Ekkehartstraße 6
8011 Grasbrunn
Telefon: 089/46 06 008
Telex: 529379 chigh d
CASSIN
ASOLO
KARRIMOR
EQUIPMENT for ADVENTURE

Ihre Sicherheit im Ausland kostet Sie nicht viel mehr als 5 Minuten Zeit. Oder das ganze Leben.

- Sie erleben im Ausland eine unangenehme Überraschung: Ein Unfall oder eine Krankheit. Die medizinische Versorgung dort ist aber unzureichend.
- Der DRK-Flugdienst holt Sie nach Deutschland zurück, wenn dies durch ärztliche Bestätigung für medizinisch notwendig erachtet wird.
- Sie haben Anspruch auf die Leistungen des DRK-Flugdienstes, wenn Sie mit dieser Beitrittserklärung Förderer der Bergwacht Schwarzwald e. V. werden.
- Ihr monatlicher Mindestbetrag beträgt 2,– DM. Sie können aber auch einen beliebig höheren Beitrag wählen (abzugsfähige Spende) – damit unterstützen Sie die Aufgaben der Bergwacht Schwarzwald e. V.
- **Helfen Sie sich und helfen Sie der Bergwacht.**

Ihre Bergwacht Schwarzwald e. V.
(Korperatives Mitglied des Deutschen Roten Kreuzes, Landesverband Südbaden e. V.).

POSTKARTE

Bergwacht Schwarzwald e.V.
– Landesleitung –
Mitglieder- u. Förderbetreuung

Besançonallee 1

7800 Freiburg im Breisgau

Beitrittserklärung – **Keine einmalige Spende**

03

Ich trete dem Kreis der **Förderer der Bergwacht Schwarzwald** e.V. bei.

Name | Vorname | Geburtsdatum

Anschrift

Ich werde eine monatliche Zuwendung zahlen von

☐ 2,– DM ☐ 3,– DM ☐ 5,– DM ☐ 7,– DM ☐ 10,– DM ____ ,– DM

(Bitte gewünschte Beitragshöhe ankreuzen, die monatliche Mindestzuwendung beträgt 2,– DM)

Ich ermächtige Sie widerruflich, meine Fördererzuwendung sofort und anschließend einmal jährl. im Monat Januar zu Lasten meines

Kontos Nr.: Bankleitzahl:

Geldinstitut: einzuziehen.

Ort/Datum: ____________ Unterschrift: ____________

Touren- und Begriffsregister

A

B

C, D

E

F

G

H

I

J

K

P

R

S

Notizen

Karte zum

Text-Teil II

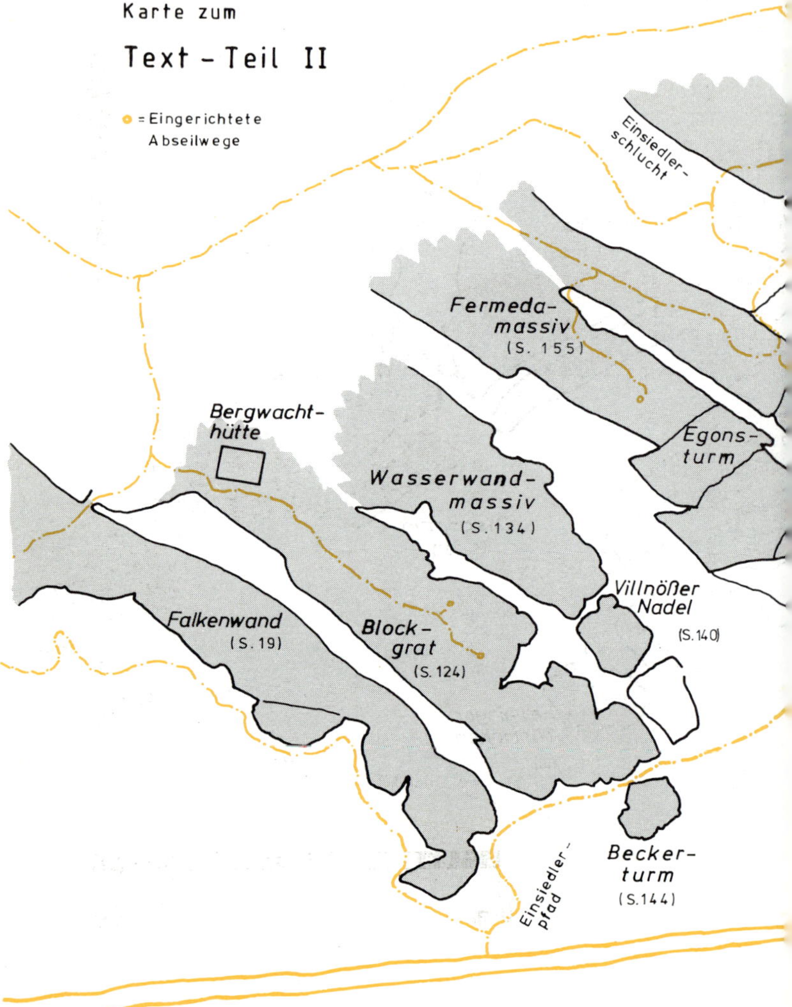